Infância, liberdade e acolhimento

CIP-BRASIL. CATALOGAÇÃO NA PUBLICAÇÃO
SINDICATO NACIONAL DOS EDITORES DE LIVROS, RJ

R359i

Rezende, Tânia Campos
 Infância, liberdade e acolhimento : experiências na educação infantil / Tânia Campos Rezende, Vitória Regis Gabay de Sá. – São Paulo : Summus, 2018.
 248 p. : il.

 Inclui bibliografia
 ISBN 978-85-323-1105-4

 1. Educação de crianças. 2. Pais e professores. 3. Professores e alunos. 4. Educação – Participação dos pais. I. Sá, Vitória Regis Gabay de. II. Título.

18-49115
CDD: 371.192
CDU: 37.064.1

Meri Gleice Rodrigues de Souza - Bibliotecária CRB-7/6439

www.summus.com.br

Compre em lugar de fotocopiar.
Cada real que você dá por um livro recompensa seus autores
e os convida a produzir mais sobre o tema;
incentiva seus editores a encomendar, traduzir e publicar
outras obras sobre o assunto;
e paga aos livreiros por estocar e levar até você livros
para a sua informação e o seu entretenimento.
Cada real que você dá pela fotocópia não autorizada de um livro
financia o crime
e ajuda a matar a produção intelectual de seu país.

Tânia Campos Rezende
Vitória Regis Gabay de Sá

Infância, liberdade e acolhimento

Experiências na educação infantil

summus
editorial

INFÂNCIA, LIBERDADE E ACOLHIMENTO
Experiências na educação infantil
Copyright © 2018 by Tânia Campos Rezende e Vitória Regis Gabay de Sá
Direitos desta edição reservados por Summus Editorial

Editora executiva: **Soraia Bini Cury**
Assistente editorial: **Michelle Neris**
Capa: **Alberto Mateus**
Foto de capa: **Jefferson Coppola**
Diagramação: **Crayon Editorial**
Impressão: **Sumago Gráfica Editorial**

Summus Editorial

Departamento editorial
Rua Itapicuru, 613 – 7º andar
05006-000 – São Paulo – SP
Fone: (11) 3872-3322
Fax: (11) 3872-7476
http://www.summus.com.br
e-mail: summus@summus.com.br

Atendimento ao consumidor
Summus Editorial
Fone: (11) 3865-9890

Vendas por atacado
Fone: (11) 3873-8638
Fax: (11) 3872-7476
e-mail: vendas@summus.com.br

Impresso no Brasil

SUMÁRIO

Prefácio 9
Prólogo 15

I • A CONSTRUÇÃO DE UMA ESCOLA
Onde começa a história da escola Jacarandá? 19
Educar e cuidar 27
Saúde e bem-estar no espaço escolar 39

II • O BRINCAR NA EDUCAÇÃO INFANTIL
A brincadeira 55
A brincadeira na escola 59

III • NOSSO PROJETO PEDAGÓGICO
A formação de professores: autoria e coesão 71
O planejamento e a avaliação 79
A organização do currículo e os eixos pedagógicos 93
O que as crianças aprendem na escola 101
Os bebês: a constituição subjetiva da criança e as especificidades
    da pequena infância 167

IV • O ESPAÇO DOS PAIS
A criança pequena e a "adaptação" 181
Escola e pais: uma relação de respeito 189
A participação dos pais no espaço escolar 199

V • AS CRIANÇAS "DIFÍCEIS"
Singularidade *versus* coletividade 209
Encaminhamentos e parcerias com outros profissionais 225
A presença de uma fonoaudióloga na escola Jacarandá 231

Conclusão 239
Referências 241
Créditos das fotografias. 247

Aos futuros professores e professoras, por abraçarem
um ofício da maior importância!

Ao Renato, meu marido, meu melhor encontro.
A Camila e Gabriela, pelo amor!
— Vitória

Ao Antonio, verdadeiro companheiro.
Aos meus filhos Isabel, Rodrigo e Felipe:
que levem adiante seus sonhos.
— Tânia

PREFÁCIO

JÁ DIZIA NOSSO poetinha: "A vida é a arte do encontro, embora haja tanto desencontro pela vida". A Jacarandá é um belo exemplo dos acasos da vida. Seu pontapé inicial deu-se com o frutífero encontro de Vitória, coordenadora pedagógica da Espaço Livre (que ia fechar as portas), e Tânia, psicóloga, mãe de um aluno que frequentava a creche e nutria o sonho de abrir uma escola. Desse encontro e de um desejo partilhado nasceu, em 1994, esse espaço que rima infância, liberdade e acolhimento, cujos ensinamentos elas contam neste livro, cientes de que um mero acordo entre duas pessoas não funda uma instituição que, necessariamente, tem de ser algo maior – um conjunto articulado de elementos simbólicos que transcendem os indivíduos.

Mas, como diz o provérbio, nunca dois sem três. Outro feliz encontro marca este texto, o meu com elas e com a escola. Avó de duas netas, uma que já usufruiu desse delicioso espaço e outra que ainda o curte, sinto-me extremamente grata pelo convite para escrever o prefácio deste livro, por meio do qual quero convidar o futuro leitor a viajar comigo por este que, muito mais que um empreendimento bem-sucedido, é um verdadeiro projeto de vida, um "espaço de referência e acolhimento para alunos e pais", uma "aposta no futuro", um lugar onde, como diz Mario Quintana, "crianças não brincam de brincar, brincam de verdade".

Começo por algo que sempre muito me impressionou na Jacarandá: a impressionante honestidade intelectual com a qual a escola se propõe a acompanhar aqueles que educa na "conquista do mundo", sempre questionando o que está sendo oferecido às crianças e no que consiste seu projeto educativo para a primeira infância.

Se chamo a atenção para esse fato é porque fica patente no livro que as autoras não fazem nenhuma concessão às modas vigentes em educação e tampouco despendem energia num inútil marketing destinado a agradar ao cliente – o que não as impede de levar em consideração, com muito tato, as preocupações dos pais quanto aos filhos. Ainda que o cliente não tenha sempre razão, ele tem suas razões. Por modas vigentes entendo, de um lado, a excessiva medicalização da infância e, do outro, a ilusão de uma educação "neutra", incapaz de reconhecer que o educador lida com conteúdos que nada têm de neutros, transmitindo, intencionalmente ou não, um modo de viver, falar e pensar que não é nem o certo nem o único bom.

No que diz respeito à primeira dessas modas, a escola preocupa-se em não cair na armadilha de tachar qualquer criança mais ativa, levada ou dispersa com hiperatividade, ou àquelas que demoram mais a falar, ou estranham mais, como pertencentes ao espectro autista. Não desprezam os conhecimentos médicos, tampouco o sofrimento psíquico, mas recusam diagnósticos apressados porque já vivenciaram casos em que determinado distúrbio simplesmente se reverteu. A criança é vista como alguém que, assim como as demais, está na escola para aprender e brincar.

A segunda dessas modas, nos tempos que correm, necessita de um maior aprofundamento porque uma das funções da escola, se não a principal, é a aprendizagem de uma ética do coletivo conjugada com a constituição de uma singularidade. Todos e cada um são noções que a escola precisa saber conjugar, pois ambas são necessárias para formar o sujeito cidadão.

Essa posição ética da qual Tânia e Vitória não abrem mão – e deve muito à psicanálise – vem refreando o impulso "comum a todo educador, o de tomar as crianças como seres ideais ou de moldá-las segundo um ideal", ajudando-as a resistir conscientemente à idealização da criança "normal", perfeita e seguidora das normas. A "normalidade" ou saúde da criança reside na sua capacidade de encontrar "um jeito próprio de ser, estar e fazer" o que, ainda que frustre de certo modo a demanda pedagógica, permite-lhe constituir-se como sujeito e não como um mero organismo natural em que tudo já está biologicamente programado – tampouco como mero instrumento de realização do desejo dos pais.

É bem sabido que os pequenos humanos nascem física e psiquicamente inacabados e o ser humano se constitui na interação com seus cuidadores numa relação necessariamente amorosa. Na Jacarandá, a criança é reconhecida como sujeito de desejo e não como mero ser de necessidades que precisam ser satisfeitas. Como já cantavam os Titãs, lembram as autoras, "a gente não quer só comida, a gente quer comida, diversão e arte". E nunca é demais lembrar que, no que diz respeito aos pequenos, o desejo de comida vem, desde as primeiras mamadas, carregado de outros sentidos além de matar a fome.

Foi esse posicionamento que lhes possibilitou, sempre que necessário, optar por mudanças de rumo, pegar atalhos e curvas, perseguindo um caminho não obturado por inúteis certezas, a não ser uma: a de que a atividade mais importante da criança na primeira infância é o brincar e de que uma educação infantil de qualidade "só é possível se as crianças – qualquer que seja sua idade, origem, condição física ou mental – puderem conviver, se movimentar, se sujar, ter voz ativa e ser escutadas".

Para que isso aconteça, é preciso investir no vínculo afetivo entre alunos e professores, pois é por meio dele e de um brincar coletivo que os pequenos aprenderão a compartilhar brinquedos, objetos, espaços e a atenção da professora. Tarefa árdua que começa na infância, mas se estende pela vida afora. Por isso é tão importante cuidar de quem cuida, acolher os professores e investir em sua formação.

Investir nos professores implica levar em conta que seu trabalho não se restringe ao tempo em sala de aula; urge valorizar suas vivências pessoais, tendo sempre em mente que para ensinar é preciso que os conteúdos sejam permeados pelo desejo, "por algo incorporado no professor, como uma brincadeira de sua infância ou uma história que já conhece de cor, ou algo que lhe desperta a vontade de aprender e conhecer mais".

O acolhimento dos professores e de todos os membros da equipe se dá por meio de um diálogo permanente. Só um adulto "escutado" pode investir numa educação infantil que ensine às crianças a interagir com seus amiguinhos e adultos que os cercam, ampliando "suas possibilidades de comunicação, resolução de conflitos e construção de representações do mundo".

Educar e acolher implica, a meu ver, suportar o dissenso e fugir do pensamento único – que é sempre autoritário. Em tempos de escola sem partido, nunca é demais lembrar alguns princípios básicos de uma educação democrática.

O brincar é levado extremamente a sério na Jacarandá, que o entende como toda e qualquer atividade da criança que lhe permita um exercício prazeroso de suas capacidades e expresse seu desejo de conhecer o mundo.

Brincar, é bem sabido, faz bagunça, sujeira, barulho e pode até estragar algo, mas só assim a criança poderá aprender a guardar depois de bagunçar, fazer silêncio para o amiguinho dormir e tentar consertar algo que estragou. Ao educador que os acompanha nessas brincadeiras cabe aceitar que às vezes "surjam brincadeiras com temas que causam constrangimento nos adultos", ou que menino brinque de boneca e menina, de carrinho, tendo em mente que tais comportamentos são faz de conta e não predições quanto ao futuro da criança.

A ênfase dada à brincadeira é levada muito a sério: não é porque o objetivo principal é brincar que, afirmam as autoras, qualquer coisa serve. Muito pelo contrário, ainda que se mantenha uma rotina simples na qual se preserve o tempo e o espaço do brincar, a educação infantil pode dispor de um currículo riquíssimo, razão pela qual a escola investe no planejamento e na fundamentação teórica desse currículo por meio de uma divisão por áreas de conhecimento, a saber: língua, literatura e música, artes visuais, ciências humanas, naturais, matemática, corpo e movimento.

Nas rodas de conversa, de história e de música, tão comuns na escola, pressupõe-se que a criança pequena é um sujeito competente para a interação, inserido na linguagem mesmo antes de falar. Falar não se restringe a emitir oralmente uma série de palavras, mas tomar a palavra como instrumento de expressão e interação.

A roda de história, momento de aconchego, que também privilegia a linguagem verbal, propicia o despertar da imaginação. Com o passar do tempo, a interação com as histórias se amplia para além da oralidade e os pequenos vão desenvolvendo respeito e admiração pelos livros. É assim que se criam futuros pequenos leitores.

Na roda de música, as crianças são apresentadas a um repertório variado e de boa qualidade desde muito cedo, além de entrarem em contato com inúmeras atividades realizadas pelo canto, por instrumentos musicais e pela dança. Não é raro chegar à escola num fim de tarde e encontrar as crianças sentadas em roda, cantando acompanhadas pela professora no violão.

Ainda que privilegiem a linguagem oral, essas rodas trabalham também outras linguagens – sobretudo a matemática, que vai sendo apresentada em situações cotidianas.

E não é que com a ajuda da matemática passamos para as artes visuais? Sim, e aqui deparamos com crianças autorizadas a se sujar, lambuzar e experimentar e manipular os mais variados materiais à vontade. Quer se trate de desenho, pintura, colagem ou mosaico, o importante é que elas tenham tempo e oportunidade de fazer e refazer, que invistam e empreendam esforços para chegar a um resultado que considerem satisfatório, expressão de seu pensar e sentir, o que é fundamental para valorizar suas singularidades.

Às crianças maiores, que já dominam a língua materna, é apresentado um novo desafio: o de interagir com a primeira língua estrangeira – no caso, o inglês, esse esperanto contemporâneo. A ênfase das aulas é colocada na compreensão auditiva, mas o que me parece prioritário é que esse encontro produz um momento de suspensão da língua materna e permite que a criança entre em contato com o desafio de se comunicar por meio de outro código, de outra melodia.

Na abordagem das ciências humanas, as autoras reafirmam que a ação educativa fundamenta-se, queiramos ou não, em determinada concepção de homem e de sociedade. Por isso, ainda que inconscientemente, a postura dos professores e o que é dito às crianças refletem seu modo de encarar o mundo. Excelente lembrança para os dias de hoje, em que alguns se iludem com as possibilidades de uma educação pasteurizada. Ela não existe.

Já me aproximando do final deste passeio pela Jacarandá, gostaria de chamar a atenção para o fato de que o acolhimento que consta no título é levado muitíssimo a sério, sendo de fato oferecido aos que ali trabalham, às crianças que frequentam a escola, às famílias e, ainda, às crianças ditas "difíceis". As autoras do livro têm plena consciência de que uma das funções da educação infantil é ajudar os pais a se tornar pais e fazem isso com muito tato, estando sempre disponíveis a ouvir os anseios destes – ainda que isso não signifique que venham a alterar regras e procedimentos para responder a demandas sem sentido. Conflitos e divergências fazem parte do cotidiano de uma escola, assim como fazem parte da vida. O importante é estar sempre atento pra que o espaço do diálogo se mantenha sempre aberto e, em certas ocasiões, trazer os pais para dentro da escola. As festas juninas costumam ser deliciosas, assim como as dos pais e as formaturas.

Se, como reza a lenda, Freud já nos teria alertado de que a educação é um dos três ofícios impossíveis, ao lado de governar e psicanalisar, concluo afirmando que a Jacarandá lida muito bem com essa impossibilidade, justamente porque ali tal impossibilidade não é escamoteada, e sim reconhecida.

Caterina Koltai
Socióloga, psicanalista e avó

PRÓLOGO

Cena 1: o casal vem conhecer a escola e chega à visita com seu filho de 3 anos, que frequenta uma creche desde os 6 meses. Sempre que entramos em uma sala, o menino dirige-se à prateleira e toca os brinquedos, encantado. Quando chegamos ao pátio, vai ao tanque de areia e olha para os pais, pedindo permissão para brincar – como eles o autorizam, avisamos que é melhor ele tirar os sapatos. Imediatamente, o menino arranca os tênis e as meias e corre pela areia, rindo feliz. Para nós, cena comum, mas a mãe fica emocionada e diz: "Ele adora ficar descalço!" Sim, é muito importante, claro... Estranhamos a reação dos pais, que olham embevecidos para o menino que se delicia no tanque de areia, até que eles nos contam: "Na escola que ele frequenta é proibido tirar os sapatos".

Cena 2: o sobrinho de uma professora, morador de outra cidade, entra numa escola prestes a completar 2 anos. Havia pouco tempo apreciávamos as fotos dele começando a andar ou tomando banho de bacia no quintal, já que vive cercado de área verde, num bairro parcialmente rural. Que alegria, pensamos, como está crescendo! Logo a foto na rede social nos surpreende: de volta de seu primeiro dia de aula, o menino está sentado na sala, fazendo a lição de casa com giz de cera e um desenho para colorir, com letras para copiar.

Falar sobre nossa atuação na educação infantil sempre nos pareceu um exercício de reflexão ou um esforço de preservação de memória, mas as cenas relatadas anteriormente deixaram-nos aturdidas. Quando pensávamos que a maioria das escolas já estava sintonizada com as atuais diretrizes – que valorizam o brincar e a interação com a natureza –, deparamos com situações que revelam a manutenção de um ensino formal e intelectualizado na educação infantil. Um ensino que rouba o tempo de ser criança.

O tempo não para nem volta. A intensa utilização de aparatos tecnológicos digitais também nos assusta, se não porque representa um impeditivo para a criança pôr o pé na areia, porque seduz crianças e adultos para uma experiência empobrecida do ponto de vista sensório-motor e social, também roubando o tempo do brincar. Tememos que logo estejam em todas as escolas infantis, ocupando mais espaço do que a interação com e no mundo real, rico em experiências e imprevistos.

Apesar da disseminação das práticas italianas de Reggio Emilia e das experiências advindas da húngara Emmi Pikler, de belos filmes nacionais, livros e iniciativas sociais em prol das experiências lúdicas na primeira infância – e até de documentos oficiais (ao menos no município de São Paulo) –, apontarem nessa direção, persistem nas escolas as práticas tradicionais de colorir um desenho pronto e de tolher o corpo e o movimento das crianças.

As melhores lembranças trazidas pelos nossos ex-alunos sobre a passagem pela escola são os banhos de mangueira, as festas e brincadeiras na terra e na areia, além das amizades duradouras lá construídas. Para os pais, a possibilidade de interlocução e de estar presentes na escola ao lado dos filhos, interagindo e observando o brincar nos momentos cotidianos, de entrada e saída, representa um espaço de aprendizagem e de apoio do qual se lembram após muitos anos. Que a escola seja um lugar de referência e acolhimento para alunos e pais é para nós motivo de orgulho e reconhecimento.

Ao divulgar nossa experiência de quase 25 anos a educadores e pais, desejamos repensar o que estamos oferecendo às crianças e reescrever continuamente um projeto educativo para a primeira infância. Ainda é importante defender que uma educação infantil de qualidade só é possível se as crianças – qualquer que seja sua idade, origem, condição física ou mental – puderem conviver, se movimentar, se sujar, ter voz ativa e ser escutadas.

1. ONDE COMEÇA A HISTÓRIA DA ESCOLA JACARANDÁ?

TALVEZ MUITO ANTES de iniciar o projeto empresarial de abrir uma instituição de ensino ele venha sendo gestado na cabeça de seus fundadores. Com a Jacarandá foi assim. Uma escola que nasceu de um grande encontro: uma creche que tinha um trabalho muito bem fundamentado no construtivismo e uma mãe de aluno, psicóloga que trabalhava com gestantes e puérperas e nutria o sonho de abrir uma escola desde os tempos em que cursara o magistério.

A Creche Comunitária da Pontifícia Universidade Católica de São Paulo, conhecida como Espaço Livre, estava encerrando suas atividades, pois funcionava num prédio da PUC, que o requisitava. A Espaço Livre fazia parte do quadro de pré-escolas alternativas descrito por Daniel Revah (1995), que prezava pela valorização da atividade, da participação e da expressividade infantis, pelo contato direto com materiais naturais e "desestruturados" e pelo grande envolvimento das famílias. A coordenadora pedagógica da creche, Vitória Regis Gabay de Sá, organizava reuniões de discussão e estudo com os professores e o grupo de pais era muito participativo. Nessa conjuntura de manter o belo trabalho educacional que era realizado na Espaço Livre, a psicóloga Tânia Campos Rezende convidou o grupo de profissionais e pais para a acompanharem numa nova jornada. Assim, em 1994 nasceu a escola Jacarandá Berçário e Educação Infantil, na qual Tânia é responsável pela direção-geral e pela coordenação do berçário e Vitória, logo associada à empresa, exerce a função de coordenadora pedagógica. Agora, mais de 20 anos depois, ambas resolvemos contar nossa história.

A Jacarandá é uma escola particular de educação infantil localizada na região central de São Paulo, que atende crianças desde o berçário até o fim da educação infantil (crianças de 4 meses a 5 anos de idade). Ocupamos um grande sobrado, com quintal e instalações adaptadas ao funcionamento escolar, de modo que cada agrupamento de crianças pode utilizar uma sala. O Berçário tem salas exclusivas e contíguas para brincadeira, dormitório, higiene e lactário. Existe uma sala de uso coletivo, também utilizada à noite para reuniões de professores e pais, e espaços de uso administrativo-pedagógico (recepção/secretaria, sala da direção e coordenação, sala de professores, cozinha).

As famílias atendidas são de classe média e média alta e quase todos os pais têm formação superior. Há grande variedade de profissões e estilos de vida, além de forte presença de estrangeiros e de pessoas vindas de outros estados ou cidades do Brasil. A escola destina uma quota de bolsas a famílias com menor poder aquisitivo ou que estejam passando por dificuldades financeiras. De modo geral, é uma população participativa, exigente e questionadora, que valoriza a educação.

Nossa tônica nos primeiros anos de trabalho foi adequar o ensino às "necessidades e aos interesses" da criança, intenção herdeira do discurso pedagógico hegemônico, buscando fundamentação no estudo psicológico do desenvolvimento infantil, sobretudo nos estudos socioconstrutivistas. Carregamos vestígios de ideias profiláticas, resquícios de "estímulos" e de comportamentos "naturais", que foram vividos e aprendidos na nossa vida escolar e universitária e nos cursos de formação – os quais, aos poucos, descartamos. Em nosso percurso, também incorporamos traços libertários, democráticos e culturais de estudos realizados em outros espaços e oriundos da prática com crianças em escolas inovadoras.

A psicanálise, inicialmente convocada como especialista para resolver impasses e conflitos, foi, ao contrário, desconstruindo nossas certezas e ampliando nossa reflexão sobre a impossibilidade de encontrar uma resposta exata ou perfeita para essas situações. Participamos de diversos cursos e seminários; porém, mais do que o contato com a teoria, foram outros os fatores determinantes de nossa opção pela psicanálise: a análise pessoal, o contato direto e próximo com diversos psicanalistas (amigos e pais de alunos) e a realização de algumas supervisões que muito nos ajudaram.

Desde então, nosso investimento na psicanálise é crescente, já que esta, cada vez mais, tem agido em nosso cotidiano para refrear o impulso – comum a todo educador – de tomar as crianças como seres ideais ou de moldá-las segundo um ideal. A psicanálise, estudada e encarnada, ajuda-nos a nos desiludir do poder e a lidar com as crianças não mais como seres de necessidade, mas como sujeitos de desejo – o que implica uma constante criação.

Reconhecermo-nos a todos como seres desejantes é um princípio fundamental. A Jacarandá nasceu de gente, em primeiro lugar, unida em torno de um ideal de escola – não ideal como algo utópico, mas como meta possível, porque já era realizada de certa forma na creche que a antecedeu. Se, de um lado, esse coletivo de pessoas em sintonia possibilita que se crie uma prática coesa, para que se construa um projeto pedagógico que seja a coluna mestra de uma escola, de outro é também fundamental que exista estrutura financeira e administrativa para que essa construção se erga em base sólida.

Uma escola particular no Brasil é uma empresa de serviços como qualquer outra, sem subsídios públicos nem isenções fiscais; para garantir sua existência, precisa administrar bem seu dinheiro. Porém, diferentemente dos demais empreendimentos, seus objetivos são sociais e seu produto (a aprendizagem? A formação de crianças?) é um bem intangível. Conciliar a missão de uma instituição escolar com o funcionamento capitalista de uma empresa é um grande desafio, que em geral fica nas mãos de educadores que não se graduaram para isso – no presente caso, uma psicóloga e uma pedagoga. Nos primeiros anos, a Jacarandá contou com a participação do administrador de empresas Antonio Carlos S. Rezende, marido de Tânia, o que permitiu que a escola funcionasse mesmo com poucos alunos e continuasse investindo nas instalações e no pessoal. O ponto de vista empresarial nunca suplantou a visão educacional e os princípios do projeto pedagógico não foram abandonados por não ser rentáveis: a qualidade do serviço estava em primeiro lugar e os resultados financeiros viriam somente com o aumento da procura, cerca de dez anos depois.

Foi preciso conhecer a legislação escolar e trabalhista, rudimentos de contabilidade, o cálculo de custos e as sutilezas envolvidas na adaptação predial para, aos poucos, estabelecer os procedimentos administrativos que se tornariam a cultura da escola, já que alinhados com os princípios filosóficos de seu projeto pedagógico – seus valores.

É preciso haver consistência entre o que é cobrado e o que é oferecido. Não importa se estamos nos referindo aos pais de uma criança ou ao professor que é contratado. Se, como educadores, consideramos imprescindível dizer a verdade à criança, manteremos a mesma atitude para com a mãe que nos pergunta: "Ele vai sair daqui alfabetizado?" – mesmo que se trate de uma cliente potencial e nossa melhor resposta seja: "Não sei". No momento de pagar as horas extras dos professores ou o equipamento de segurança para as faxineiras, procura-se sempre manter uma relação de honestidade e confiança, respeitando leis e normas e admitindo as falhas que acontecem involuntariamente – não são apenas as crianças que precisam aprender a seguir as regras de um jogo! Embora existam cargos e funções diferentes, profissionais e clientes, adultos e crianças, na Jacarandá o que vigora é a dignidade do ser humano acima de qualquer diferença.

Uma escola de educação infantil oferece, em primeiro lugar, educação. Retomando a origem etimológica de educar, "conduzir para fora", "[...] ou seja, acompanhar aquele que se educa na conquista do mundo", reiteramos o questionamento de Guimarães (2011, p. 48): "De fato, seria possível acompanhar o outro sem considerá-lo e estar atento a ele?" A autora também afirma que "cuidar e cuidado não se restringem a ações instrumentais do adulto para com a criança, mas dizem respeito à criação de práticas do adulto para com ele mesmo, que produzem uma atmosfera de atenção, escuta e disponibilidade na creche como um todo" (*ibidem*, p. 49).

Educação escolar, articulada com cuidado em todas as suas vertentes, distingue-se da educação oferecida em outros espaços não formais. O questionamento de Maria Lúcia Machado quanto ao fato de as instituições que atendem crianças na primeira infância serem ou não escolas continua repercutindo, novamente impulsionado pela integração das creches ao sistema escolar a partir de 1996. A ambiguidade do título sem pontuação de seu livro *Pré-escola é não é escola* é ressaltada pela autora em suas conclusões. Apesar de defender que "[...] qualquer instituição voltada ao atendimento sistemático de crianças de 0 a 6 anos é escola", ela convida os educadores e proprietários de pré-escolas a uma contínua reflexão sobre

seu papel, já "[...] que nem sempre existe uma resposta pronta, uma receita a ser seguida para garantir o sucesso do professor, do aluno ou da própria escola" (Machado, 1991, p. 131).

A opção de abrir uma escola é uma grande aposta no futuro: funda-se, ali, uma instituição – termo que articula a ação de instituir (criar, conceber, estabelecer, fundar) e a coisa instituída (entidade, agrupamento, pessoa jurídica), sendo a materialização do instituinte. Podem-se destacar alguns elementos fundamentais para pensar a escola como instituição: a temporalidade e a dimensão coletiva. Um acordo entre duas pessoas não funda uma instituição, que é algo muito maior: um conjunto articulado de elementos simbólicos que transcendem os indivíduos.

Na Jacarandá, mesmo quando havia poucos alunos – alguns inclusive filhos da diretora –, procuramos manter o profissionalismo, que vai além das experiências pessoais compartilhadas. Em qualquer escola ou instituição, é preciso sustentar uma política baseada em princípios que, muitas vezes, são ocultos, mas estão referidos em premissas universais, para que os sujeitos possam se confrontar ali com sua singularidade. Dar espaço às particularidades de cada um é um preceito ancorado na concepção de educação que defendemos, e não um modo informal de atuar ou uma estratégia de marketing para agradar aos clientes.

Para elucidar melhor o que entendemos por educação, recorreremos a dois termos: "*poiesis*" e "práxis". Conforme explica Imbert (2001, p. 80), "[...] as regras definem a prática pedagógica como *poiesis*, ou seja, atividade de fabricação, formalização, arrumação e manipulação, exercida por um sujeito-agente sobre um sujeito-objeto". A palavra "*poiesis*", da tradição aristotélica, remete a uma ação externa ao agente, que se encerra quando alcança sua meta de produzir algo. De modo diferente, a "práxis" refere-se a um ato que modifica o próprio agente e tem como meta, como fim, seu próprio exercício.

A educação não pode se reconhecer somente como *práxis*, como um eterno ato, porém o reconhecimento do seu produto (o educando) como sujeito traz a dimensão ética ao empreendimento educativo. Imbert afirma que a pedagogia é uma atividade "prático-poiética", ao lado da análise e da política, que também foram consideradas por Freud ofícios impossíveis, numa eterna incompletude.

Assim, desde a fundação da escola, acreditamos na construção do caminho passo a passo, mantendo a atenção e a reflexão que permitam mudanças de rumo, acertos, atalhos, curvas... Não seguimos nenhuma metodologia definida, nomeada, estudada, mas temos um modo de fazer educação infantil que, de um jeito "artesanal", está pautado em princípios muito sólidos:

1   Abertura à criação contínua, pois educação se faz entre pessoas vivas e toda a vivacidade de professores e alunos não pode ser encaixada em determinada metodologia geral.
2   Todos, professores, alunos e pais, independentemente de qualquer outra característica ou condição, merecem ser tratados como sujeitos e não como objetos de nossa prática, como clientes ou como mercadoria.
3   A principal e mais importante atividade da criança na primeira infância é o brincar.

Infância, liberdade e acolhimento

4   Os cuidados nas questões de higiene, saúde e alimentação são indissociáveis da educação e não devem ser considerados uma prática meramente funcional ou assistencial.
5   A criança aprende muito por vivência, por imitação, por jogo, por repetição e reconstrução, e também por transmissão – cada uma aprende do seu jeito e a seu tempo, e não esperamos que todos aprendam as mesmas coisas ao mesmo tempo. Há um constante ir e vir, tentativa e erro, hipóteses temporárias, perguntas... até chegar às conquistas.
6   Cabe aos adultos a aproximação da criança com a cultura, trazendo à escola elementos que contenham histórias e saberes, valorizando a cultura brasileira e aquilo que o professor pode transmitir com prazer.

Como isso se traduz na prática? Os próximos capítulos trarão elementos e exemplos para aprofundar cada um desses aspectos.

2. EDUCAR E CUIDAR

A partir da segunda metade do século XX, com a entrada da mulher no mercado de trabalho e a crescente mudança na estrutura das cidades e das famílias, foi preciso criar instituições que recebessem crianças pequenas para que suas mães pudessem trabalhar. Desde o pós-guerra, o foco dessas instituições esteve voltado para o cuidado de crianças. De caráter assistencialista, sua responsabilidade era mantê-las bem alimentadas, limpas e em segurança enquanto privadas da convivência com a mãe.

No Brasil, "[...] a Lei de Diretrizes e Bases da Educação Nacional, Lei n. 9304, promulgada em 1996, estabelece de forma incisiva o vínculo entre o atendimento às crianças de 0 a 6 anos e a educação. [...]" (RCNEI, 1998, p. 11). Documentos posteriores reafirmam essa vinculação, inclusive explicitando a indissociabilidade entre cuidar e educar.

> Para efetivação de seus objetivos, as propostas pedagógicas das instituições de educação infantil deverão prever condições para o trabalho coletivo e para a organização de materiais, espaços e tempos que assegurem:
> [...]
> A educação em sua integralidade, entendendo o cuidado como algo indissociável ao processo educativo;
> (DCNEI, 2010, p. 19)

No entanto, o reconhecimento legal não basta para uma compreensão unificada do que tal noção significa e implica. E, ainda mais importante, não basta para que tal noção seja incorporada às práticas escolares.

Concordamos que é equivocado pensar que se pode educar sem cuidar ou cuidar sem educar, mas consideramos fundamental analisar essa afirmação segundo nossos princípios e traduzi-la para a prática.

Numa primeira aproximação entre as duas funções, cuidar e educar, pode parecer que existe uma hierarquia entre ambas: primeiro garantem-se as necessidades básicas da criança (alimento, higiene, agasalho), ou seja, o cuidado; depois entra em cena a educação, com regras e valores culturais e conteúdos escolares formais. É comum considerar infrutífero tentar educar a quem falta o básico, ou seja, considerar que atender às necessidades físicas é condição para aprender, porém reafirmamos que ambos os processos estão interligados, não sendo possível distinguir qual vem primeiro. Percebemos que os cuidados já carregam em si conteúdos educacionais e que a educação, notadamente nesses primeiros anos de vida, traduz-se em cuidados. Impossível não lembrar os versos da música "Comida", da banda Titãs: "A gente não quer só comida, a gente quer comida, diversão e arte." O desejo pela comida vem, desde as primeiras mamadas, carregado de outros sentidos além de "matar a fome". A colherada que o adulto oferece está repleta de alimento, linguagem, memórias de infância, tradições culturais e afetos específicos daquela relação em particular.

Uma boa experiência da criança na escola de educação infantil poderá ter como consequência a formação de um sujeito mais preparado para o exercício da cidadania, porque mais seguro, mais sociável e com maior repertório cultural. No entanto, ainda que aspiremos formar melhor as novas gerações para o futuro, a escola precisa ter como foco principal o bem-estar dos bebês e das crianças no momento presente.

Ora, bem-estar significa ter um entorno amigável, que ofereça acolhimento do ponto de vista tanto físico como psíquico. Assim, não faz sentido separar a função de quem conduz as chamadas atividades pedagógicas de quem cuida da higiene, da alimentação e do sono das crianças. Nossa experiência mostra que tanto a professora como a auxiliar de classe podem e devem se ocupar, em parceria, de todas as tarefas diárias que envolvam as crianças: organizar a roda de história ou o momento de pintura, acompanhar as brincadeiras no pátio e participar delas, servir o lanche, trocar as fraldas, orientar os alunos quanto ao uso do banheiro, consolar uma criança que chora e assim por diante.

Infância, liberdade e acolhimento

Embora o planejamento das atividades e brincadeiras seja de responsabilidade da professora, sua condução se dá na interação com as crianças, o que está diretamente relacionado à construção do vínculo adulto-criança, independentemente de sua função ou cargo profissional. Ou seja, a afinidade da criança ocorre com os adultos da escola por caminhos muito singulares – processo que pode acontecer de modo mais espontâneo com um ou outro, seja ou não professor titular, e ser fortalecido na interação cotidiana. O momento de lavar as mãos ou de trocar a fralda é de muita intimidade e, para algumas crianças, só transcorre tranquilamente se for com o adulto de sua confiança – por outro lado, é na prática diária desses cuidados que essa confiança se constrói, ou seja, que essa afinidade se transforma em vínculo. Do mesmo modo, atividades diretamente ligadas aos conteúdos pedagógicos precisam de um vínculo para acontecer de modo produtivo: o aprendizado alimenta o cuidado e vice-versa.

Como exemplo: numa atividade de pintura, para que a criança se dedique à exploração da tinta e do suporte, precisa estar segura, confiar nos adultos que a estão orientando; por outro lado, proporcionar atividades interessantes e atraentes como a pintura é algo que torna aquele adulto uma pessoa especial para a criança, digna de interesse e admiração.

Diversos autores do campo da psicologia – como Pichón-Riviére, Bion e Bowlby – falam de vínculo, porém não temos a pretensão de utilizar tal termo dentro de um ou outro sistema teórico. Consideramos significativo buscar diversas faces desse conceito, que usamos para nos referir à ligação afetiva que é construída entre professor e aluno.

> O termo "vínculo" tem sua origem no étimo latino *vinculum*, que significa uma atadura, uma união duradoura. Da mesma forma que a palavra "vinco" (com o significado que aparece, por exemplo, em "vinco" das calças, ou de rugas), de uma mesma raiz etimológica, também o conceito de "vínculo" alude a alguma forma de ligação entre as partes que, a um mesmo tempo, estão unidas e inseparáveis, apesar de que elas apareçam claramente delimitadas entre si. Cabe uma analogia com o "hífen", cuja função na gramática é a de, a um mesmo tempo, separar e unir certas palavras. (Zimerman, 2008, p. 398)

Às vezes, essa ligação ou união se estabelece entre professor e aluno quase de imediato; em outras, pode ser fruto de um longo período de investimento. Consideramos o vínculo uma conexão complexa, não de todo consciente, tampouco constituída somente de elementos positivos ou negativos – alguns psicanalistas, como Bion, tratam do vínculo como uma estrutura relacional-emocional em forma de rede, e não como uma ligação simples (*idem*).

O vínculo representa o laço peculiar que une uma pessoa a outra, distinguindo-a das demais. Se no início de um ano letivo era indiferente para a criança dirigir-se a qualquer adulto disponível no pátio, após certo tempo (e depois de se ter criado um vínculo) ela vai buscar a "sua professora". De acordo com o vínculo criado, porém, talvez a criança evite justamente essa professora, pelas mais variadas razões. Portanto, embora na maioria das vezes usemos o termo vínculo para falar de uma boa ligação professor-aluno, devemos levar em conta que se trata de uma relação dinâmica e complexa, que pode ou não se fortalecer ao longo do tempo, facilitar ou não a interação entre ambos.

Cabe ressaltar que a afetividade nem sempre surge de modo espontâneo. Tanto a professora quanto a auxiliar precisam investir conscientemente no vínculo criança-adulto, tanto dentro como fora da sala de aula. Uma forma de investimento nesse vínculo se dá quando a professora leva em conta as singularidades da criança a partir de informações colhidas com seus pais ou até da própria observação. Receber uma criança de 14 meses em sua turma e recorrer a uma descrição genérica das características dessa faixa etária para se "preparar" é diferente de receber também alguns dados específicos, como a seguinte descrição da coordenadora, que já fez uma entrevista com os pais: "Ana é uma menina de 14 meses, filha de Maria e João, jovem casal que está esperando mais um bebê para breve. É a primeira vez que Ana frequenta a escola, mas tem contato diário com outras crianças de sua idade na praça. Gosta muito de brincar com água, areia, de ficar ao ar livre; costuma reclamar quando é hora de voltar para casa. Come muito bem, mas tem acordado diversas vezes à noite, então talvez tenha sono na escola, já que virá no período da manhã. Costuma usar uma "naninha" para adormecer, por isso vai trazê-la para o caso de precisar de uma soneca na escola. Não usa chupeta e costuma adormecer no colo dos pais". Tal descrição permite à professora antecipar algumas situações que podem favorecer a recepção da nova aluna.

A cada momento, com uma boa observação do grupo e de cada criança em particular, avalia-se qual educadora deve continuar conduzindo uma brincadeira ou atividade coletiva enquanto a outra atende uma criança que precisa ser trocada ou acolhida individualmente. A decisão de quem permanece no grupo e de quem atende uma criança de maneira particular depende da qualidade da relação que professores e auxiliares estabelecem com as crianças, além da sensibilidade.

Também é dessa empatia que decorre a decisão da professora de destacar o interesse particular de uma criança, incentivando que este seja compartilhado com o restante do grupo, ou de colocar-lhe um limite, avisando que naquele momento não será possível atendê-la.

Vamos a um exemplo: um grupo de alunos de 2 anos brinca livremente no pátio com a professora, enquanto a auxiliar leva uma criança para trocar a fralda. Algumas crianças brincam na areia, outras entram e saem de uma caixa de brinquedos. Dois garotinhos resolvem subir na mureta para pular, mas para isso precisam da ajuda física de um adulto. Como a professora está sozinha no ambiente, precisa distribuir sua atenção entre todos e, se for ajudar aos meninos a pular, ficará de costas para as demais crianças. Embora o interesse por pular do murinho seja legítimo, é difícil atendê-lo sem deixar os outros de lado. Nesse caso, a professora explica aos meninos que eles só poderão pular quando a auxiliar retornar ao pátio, quando então uma das duas poderá ajudá-los e garantir que a brincadeira seja segura. Outra saída é chamar a atenção das demais crianças para a boa ideia de saltar do murinho e convidar a todos para a brincadeira.

Nesse exemplo tão corriqueiro estão envolvidos vários aspectos tanto do cuidar quanto do educar: a segurança física das crianças, a valorização da vontade de brincar de cada aluno, a autoridade da professora para decidir o que as crianças podem ou não fazer e a própria segurança da professora, que precisa confiar em suas decisões.

Cuidar, portanto, está além da atenção e do controle dos corpos e se apresenta na dimensão das relações humanas. Cuidar envolve olhar o outro, escutá-lo em suas vontades e interesses, acompanhá-lo em suas descobertas e acolhê-lo em suas frustrações. Ora, tudo isso não acontece somente com banho na hora da troca de fraldas ou um lanchinho caprichado. Dá-se com um banho de palavras dirigidas à criança, que demonstram que a professora está ligada às suas manifestações e demandas; dá-se com histórias escolhidas a dedo para alimentar-lhes o imaginário e dotá-las de recursos simbólicos que lhes permitam lidar com as frustrações, ou de muitas outras maneiras.

O vínculo afetivo entre alunos e professores é o fio condutor para que as relações se estabeleçam de maneira afetuosa e verdadeira. Sem empatia – capacidade de se colocar no lugar do outro –, os professores correm o risco de empreender a educação como uma tarefa mecânica, uma sucessão de atividades a ser realizadas como forma de controle e disciplina, sem considerar a qualidade das relações humanas nem a dimensão ética do cuidado.

É na perspectiva da ética do cuidado que devem estar pautados os limites e regras estabelecidos pela professora em relação aos alunos. Toda escola, ao longo dos anos, ainda que não explicitamente, constrói um conjunto de regras que organizam o cotidiano com as crianças. No entanto, é papel do educador, mais que repetir normas de conduta, construir uma relação com os alunos que lhe confira autoridade, não apenas porque é adulto e sabe mais, mas também porque é responsável por salvaguardar o bem-estar de todos – por meio de cuidados com as crianças, com o ambiente e consigo próprio.

Conforme veremos no Capítulo 4, é muito importante que a escola seja um espaço seguro e ao mesmo tempo livre para brincar, o que promove aprendizagem em todos os aspectos da formação da criança – de sua constituição psíquica à sua compreensão do espaço, do tempo e das causas e consequências das próprias ações e das ações do outro. À medida que a escola é um espaço coletivo, há de se considerar que a liberdade para brincar só está garantida se o respeito a alguns limites for respeitado, de maneira que todos e cada um tenham a possibilidade de conviver de maneira saudável.

Infância, liberdade e acolhimento

Yves de La Taille (2001, p. 52) leva-nos a refletir sobre o sentido da palavra "limite", tanto do ponto de vista da liberdade como da sujeição a uma imposição física ou normativa:

> [...] Todos sabem os perigos que corre um menino ou uma menina que começa a andar, ou um bebê que põe tudo na boca. Os "não" parentais são essenciais, e somente pais muito desleixados não cumprem esse papel preventivo. As próprias experiências sensório-motoras ensinam ao bebê, no embate com o mundo físico, o que ele consegue e não fazer, o que causa dor ou não, o que é perigoso ou não. Em resumo, o bebê começa a situar sua liberdade em relação às leis da física.
>
> Todavia, os limites restritivos que levantam sérias questões políticas, éticas, existenciais, são os normativos, aqueles que a sociedade resolve criar e impor. Não posso pular de dez metros de altura: conformo-me a esse limite porque sei que nada posso fazer contra ele. Não posso ouvir música no mais alto volume em plena madrugada: mas por que não posso? As leis da física me permitem fazê-lo; as leis dos homens, não. Mas em nome do que devo respeitar essas leis? Aqui começa a grande questão da legitimidade dessas leis. E as crianças entram nesse universo de normas e de atritos desde a mais tenra idade. Portanto, os limites físicos colocam a dimensão do impossível, os limites normativos colocam a dimensão do proibido. Restringem a liberdade em nome de valores. E são, muitas vezes, vividos de forma penosa.

Parte das regras e dos limites estabelecidos na escola decorre da rotina planejada para cada grupo, de acordo com sua faixa etária. A delimitação dos horários e as estratégias escolhidas pela professora para cada momento da rotina já dão certo contorno de quais serão o tempo, o espaço e os materiais disponíveis para que tais situações se concretizem com a organização desejada.

No entanto, em nome da cultura, da vida em sociedade, a escola precisa refletir sobre que ações serão normatizadas para preservar e difundir valores que lhe são caros, como respeito ao próximo e às diferenças individuais, espírito comunitário e colaborativo e o livre pensar.

Alguns limites são colocados em função da necessidade de garantir segurança às próprias crianças: não colocar o dedo na tomada, não chegar perto do fogão, não subir em lugares altos sem o acompanhamento de um adulto. Nesse sentido, preparar o ambiente com protetores de tomada, portõezinhos que inibam o acesso à escada ou à cozinha e fazer uma criteriosa seleção de brinquedos, por exemplo, são medidas que evitam acidentes e, por si, oferecem mais segurança às crianças.

No entanto, mesmo em um ambiente "preparado", em se tratando de crianças pequenas, que costumam explorar tudo com o próprio corpo – colocando objetos na boca, subindo em móveis, entrando em pequenos espaços –, é também necessária a presença atenta de um adulto, geralmente a professora, para mostrar o uso adequado dos materiais e móveis e para impedir que a criança faça explorações perigosas.

Conversar com a criança e explicar por que não deve subir no parapeito da janela ou colocar areia na boca é evidentemente a primeira medida, mas só conversar não basta. A fala do professor quase sempre precisa estar acompanhada da ação de pegar a criança no colo e tirá-la de um lugar perigoso, ou de contê-la para que interrompa uma atitude indesejada, como morder o colega. O tom de voz não precisa ser alto ou ríspido, mas deve ser firme, de maneira que fique claro para a criança que a mensagem de que não lhe é permitido fazer aquilo é séria, é "pra valer".

A brincadeira coletiva costuma ser uma fonte inesgotável de aprendizagem, ao enriquecer o repertório próprio por meio da imitação e do intercâmbio de brinquedos e materiais diversos. Entretanto, compartilhar brinquedos, objetos, espaços e também a atenção da professora é um enorme desafio para as crianças, que costumam considerar mais interessante o carrinho que está em movimento na mão do colega do que aquele que está parado na estante. A boneca no colo da colega é mais querida – porque ganha vida – que outra boneca semelhante que está no chão.

O desejo de ter o que o outro tem, de brincar como o outro brinca é a mais frequente causa de conflitos entre as crianças. De início, elas não sabem expressar as próprias vontades verbalmente, pedir o brinquedo emprestado ou se aproximar para brincar junto. A primeira atitude pode ser a

Infância, liberdade e acolhimento

de tirar o brinquedo da mão do outro ou empurrar, bater, morder o colega. O mesmo pode acontecer porque uma criança quer se sentar na cadeira onde outra já se sentou ou ao lado da professora, lugar já ocupado por outrem. Embora tais desejos sejam legítimos – as crianças podem querer! –, é importante que aprendam a dizer o que querem, que aprendam a negociar, trocar, argumentar, ao mesmo tempo que compreendam que não podem conseguir o que querem à revelia do outro. Nesse momento, deve entrar em ação o adulto, que cuida para que ninguém seja submetido pela força, e ensina outras formas de se relacionar. Colocar em palavras aquilo que observou da cena ajuda as crianças a compreender a situação: "Antônio, você também quer brincar com este carro. Mas não pode bater no Pedro, precisa pedir emprestado. Será que este outro carro serve para a sua brincadeira?" ou "Não pode morder! Vamos cuidar do dedo da Clara e depois encontraremos uma nenê para você também". Os professores precisam mediar o relacionamento entre as crianças, levando em conta sua idade e sua capacidade de verbalização e de construção da moralidade.

As disputas por brinquedos não se dão por "egoísmo" da criança. Como a imitação é uma importante fonte de aprendizado para os pequenos, muitas vezes a criança se sente impelida a imitar para "pesquisar" como um brinquedo funciona, sem ser capaz de levar em consideração que o colega ficará sem o brinquedo e que isso pode chateá-lo.

Evidentemente, conforme as crianças vão crescendo, as situações de conflitos podem ser problematizadas, de forma que encontrem formas mais autônomas de negociar e fazer acordos. A professora pode perguntar:

"Se você está com tanta vontade de brincar com o mesmo carro que o Miguel, o que pode dizer para ele te emprestar?"

Todas essas situações costumam envolver fortes emoções, já que as crianças ficam contrariadas, bravas, tristes, enciumadas, enraivecidas ou frustradas por não conseguir o que querem. É também uma oportunidade de a professora nomear alguns sentimentos e legitimá-los de forma que a criança se veja autorizada a senti-los e perceba que os limites estão relacionados a ações ou atitudes e não aos sentimentos: sentir pode, o que não pode é bater, chutar, xingar o outro.

Além das disputas por brinquedos, objetos ou lugares, alguns conflitos também se dão por provocação entre crianças. Por exemplo, enquanto a professora lê uma história para um grupo de crianças de 4 e 5 anos, um dos meninos fica fazendo ruídos com a boca e cutucando o colega que está sentado ao lado. A leitura é interrompida por reclamações diversas – "Assim não dá para escutar, o Marcelo tá atrapalhando!"/"Ele tá me incomodando!"/"Para, Marcelo, você é muito chato!". A professora pode encaminhar a situação conversando com o menino: "Marcelo, você está atrapalhando a nossa leitura e isso não pode acontecer. Você pode permanecer na roda sem fazer barulho nem cutucar o seu colega ou pode sair da roda e brincar em silêncio com a massinha que está sobre a mesa. O que você prefere?" Isso permite que Marcelo decida se quer ou não permanecer na roda e, ao mesmo tempo, indica uma opção de algo que lhe é permitido fazer fora do ritmo do grupo.

É fundamental que a professora tenha bom senso e sensibilidade para flexibilizar seu planejamento em função do interesse do grupo e de sua dinâmica de organização. Avaliar se é um bom momento para contar histórias ou para fazer uma brincadeira livre em função do grau de agitação ou cansaço do grupo pode fazer toda diferença na condução de uma atividade, de maneira que seja menos necessário interromper para estabelecer limites.

As crianças pequenas costumam desafiar alguns limites insistentemente, mexendo onde não devem (colocam a mão no vaso sanitário ou puxam todo o rolo do papel higiênico, por exemplo), ainda que a professora

Infância, liberdade e acolhimento

e os pais já tenham explicado inúmeras vezes que não devem fazê-lo. Essa atitude, que muitas vezes é interpretada pelo adulto como provocação, é antes de tudo um exercício da criança para se diferenciar do outro, do adulto, e experimentar as consequências das próprias ações. A criança insiste para diferenciar, aos poucos, o limite da física e o limite normativo, e também para conhecer as próprias possibilidades. "Posso ou não posso" nem sempre coincide com "devo ou não devo": não poder fazer algo por incapacidade ou impossibilidade é diferente de não poder fazer por normas sociais ou convenções. É direito da criança saber o sentido dos limites que recebe; impedi-la de agir por mero capricho adulto é uma violência que deve ser evitada a todo custo.

Com crianças a partir de 3 ou 4 anos, também é possível estabelecer alguns combinados que facilitem a convivência e regulem a organização do grupo. Tais combinados precisam derivar de problemas concretos vividos pelo grupo, sendo construídos coletivamente. Por exemplo, se muitas crianças querem sentar ao lado da professora na roda e isso é motivo frequente de briga, a professora pode levantar com as crianças soluções para essa situação: menina de um lado, menino do outro; sortear com *uni-duni-tê* todos os dias; sortear e fixar no calendário de forma que cada criança tenha seu dia fixo na semana. Quando esses combinados de fato contam com a participação das crianças, a adesão é alta e os pequenos mostram-se bem exigentes com seu cumprimento.

Também são comuns situações que começam como brincadeira, mas acabam se desviando para agressão, ainda que não intencionalmente. Por exemplo, a turma começa a formar rimas com os nomes das crianças, como Luana cara de taturana, Felipe cara de jipe, até que alguém inventa João cara de *peidão* e João fica chateado. O argumento das crianças é que se trata de uma brincadeira, mas brincadeira só vale como tal se todos os envolvidos estiverem se divertindo; se alguém está excessivamente exposto ou se sentindo debochado pelos outros, a professora precisa interromper a situação.

Note-se que esses combinados devem valer também para os adultos. Uma atitude respeitosa da professora para com os alunos é uma excelente forma de ensiná-los a ser respeitosos com os colegas. O senso de humor é uma qualidade humana, que costuma facilitar o manejo de situações tensas; no entanto, é inadmissível que a professora leve na brincadeira o desconforto, a contrariedade ou o choro de uma criança, desprezando seus sentimentos.

Uma peculiaridade da educação infantil está no fato de que para promover o bem-estar da criança na escola é imprescindível uma relação de cuidado e atenção também com os familiares, que além de orientados em relação às especificidades dos primeiros anos de vida também precisam ser acolhidos e cuidados em suas experiências iniciais de parentalidade. Essa questão será aprofundada na Parte IV deste livro.

Ressaltamos aqui um assunto mencionado no Capítulo 6, que discorre sobre a formação dos professores: a importância de cuidar de quem cuida. Por meio da escuta sensível e atenta dos professores nas reuniões com a coordenação pedagógica e/ou direção, mais que discutir o planejamento das atividades diárias, o encontro se destina a abrir espaço para a expressão de dúvidas, angústias, êxitos e também dificuldades práticas vividas no cotidiano da sala de aula. A conversa, a troca de ideias e o acolhimento são nossa estratégia mais valiosa para cuidar de quem cuida das crianças – o que não acontece sem que haja a instrumentalização das professoras com informações diversas a respeito das várias áreas de conhecimento trabalhadas na escola.

3. SAÚDE E BEM-ESTAR NO ESPAÇO ESCOLAR

A ESCOLA É por definição um projeto coletivo. Requer o engajamento de uma série de pessoas com as mais variadas formações e experiências, não somente na área da educação escolar propriamente dita como nos campos de administração e de saúde. A interlocução com profissionais variados é parte de um trabalho sério e bem fundamentado em educação, que não pode se restringir ao âmbito pedagógico.

Desde a nossa fundação, contamos com a colaboração de especialistas que dão suporte ao trabalho sistemático da escola ou são convidados a colaborar pontualmente em determinadas situações, com temáticas específicas. Na educação infantil, que lida com crianças pequenas, o trabalho está sempre alicerçado no tripé educação-saúde-família.

A educação como atividade central da escola se dá em vários níveis: na formação das crianças, na formação dos professores e no acompanhamento das primeiras experiências de parentalidade em famílias recém-constituídas.

Hoje, quando as configurações familiares adquirem diversas facetas e as exigências em relação à maternidade e à paternidade são tão grandes, a escola pode e deve ser um espaço de acolhimento e de troca para que pais, educadores e outros profissionais que se dedicam à infância possam compartilhar experiências e refletir sobre a melhor forma de oferecer uma educação marcante, amorosa e respeitosa em relação à singularidade de cada sujeito.

O ofício de professor requer um contínuo aprendizado e muito se beneficia de saberes provenientes de outras áreas. As atividades em sala de aula requisitam do professor habilidades múltiplas – tanto em relação aos cuidados com higiene, alimentação e sono como com o uso de estratégias lúdicas diversas, que fazem parte da cultura da infância. Não à toa o professor de educação infantil e das séries iniciais do ensino fundamental é chamado de polivalente!

O tópico a seguir abordará a presença de alguns profissionais que dão apoio e sustentação ao processo educativo, ampliando nossa visão de infância, de saúde e de família, a saber: o médico, o fonoaudiólogo, o dentista, o nutricionista e o educador corporal.

SAÚDE, ALIMENTAÇÃO E BEM-ESTAR

Na educação infantil, o cuidar e o educar são absolutamente indissociáveis, como vimos no capítulo anterior. Ao alimentar uma criança pequena, trocar sua fralda ou acomodá-la para dormir, não estamos apenas cuidando de seu bem-estar imediato, mas também construindo com ela a noção de tempo, por meio do ritmo cotidiano, e proporcionando-lhe experiências subjetivas fundamentais à constituição psíquica. Os cuidados são sempre "banhados" pela palavra do adulto, que deve dar sentido a cada atitude e movimento por meio da conversa com a criança. As manifestações desta, independentemente de sua idade, são consideradas pelo adulto e devolvidas com suposições do que ela possa estar sentindo: "Você está cansado, não? Acho que você precisa dormir um pouco"; "O que você tem hoje? Vem cá, deixa eu ver se você está com febre"; "Você quer mais suco?" Com a resposta da criança e os cuidados prestados pelo adulto, ambos ressignificam os acontecimentos; os pequenos vão tomando consciência de si, de seu corpo e do que precisam para se sentir bem.

Em geral, na escola, convivemos com a criança saudável, que goza de disposição e energia para participar de uma rotina que envolva seus cuidados básicos e uma série de brincadeiras e atividades lúdicas significativas e adequadas à sua faixa etária. No caso de alunos com condições especiais de saúde, contamos com as orientações específicas de seu médico ou procuramos a assessoria adequada. Assim, não consideramos necessária a presença física de um médico ou de um enfermeiro na escola, mas contamos com a parceria de três pediatras[1], que nos assessoram de diferentes manei-

---

1 São eles: Francisco Frederico Neto, pediatra formado pela Universidade de São Paulo (Ribeirão Preto), mestre em Pediatria pela USP e autor de *Pediatria ao alcance dos pais – Compreender a doença é o melhor remédio* (Imago, 1992); Leonardo Posternak, pediatra formado pela Universidade Nacional de Buenos Aires, com formação em psicanálise pelo Instituto Sedes Sapientiae, fundador do Instituto da Família, autor de *O direito à verdade – Cartas para uma criança* (Primavera Editorial, 2014) e coautor de *E agora, o que fazer? – A difícil arte de criar os filhos* (Ágora,1998, com Madalena Ramos) e *Livro dos avós* (Artemeios, 2005, com Lidia Aratangy); e Luiz Fernando de Barros Carvalho, pediatra formado pela Universidade de São Paulo (Ribeirão Preto), especialista em Medicina Antroposófica pela Lukas Klinik Arlesheim (Suíça) e membro da Associação Brasileira de Medicina Antroposófica.

ras para promover saúde e minorar riscos de doenças e acidentes. O planejamento da rotina escolar, a montagem dos espaços oferecidos, sua segurança e higiene e a alimentação oferecida precisam estar articulados a uma concepção de saúde na primeira infância.

Desde a fundação da escola, consultamos um médico antroposófico como referência para questões de saúde, o dr. Luiz Fernando de B. Carvalho. Sempre entendemos que saúde não diz respeito somente a higiene, medicamentos e aos aspectos puramente orgânicos, mas à relação que o ser humano estabelece com seu meio físico e social. A medicina antroposófica dá especial importância à alimentação, aos ritmos vividos e às relações familiares e interpessoais, sendo-nos por isso tão cara na definição da rotina escolar das crianças pequenas.

Na interação com as famílias, promovemos encontros com um pediatra com formação em psicanálise e larga experiência clínica, o dr. Leonardo Posternak, o que contribui para que a escola seja um lugar de diálogo. Pais, escola e pediatra podem juntos pensar e repensar suas atitudes e práticas de um modo diferente da visão organicista e medicalizante tão disseminada.

Outro pediatra, dr. Francisco Frederico Neto, desenvolveu um projeto de saúde para escolas e se tornou nosso consultor em primeiros socorros, com treinamentos regulares para a equipe e cursos eventuais para gestantes.

É preciso deixar claro que é prerrogativa da família escolher quem será o pediatra ou profissional de saúde que fará o acompanhamento da criança, dentro das possibilidades da rede privada ou pública de saúde. A relação de confiança entre os pais e o pediatra é fundamental e deve ser respeitada e valorizada pela escola. Pedimos um atestado médico na matrícula e registramos as informações que podem interferir mais diretamente em nosso dia a dia, como alergias, restrições alimentares e autorização para uso de medicamentos antitérmicos.

Um dos aspectos mais importantes para promover saúde é a criação de bons hábitos de alimentação e higiene, o que se dá no cotidiano, em uma rotina ritmada aliada ao olhar atento dos professores.

Para as crianças, devido à imaturidade do sistema digestório, refeições balanceadas e alimentos de boa procedência, preferencialmente sem agrotóxicos, são ainda mais importantes. No Berçário, todos os ingredientes utilizados nas refeições são orgânicos. De acordo com a orientação que recebemos da antroposofia (Burkhard, 1984), oferecer frutas e vegetais crus é importante para estimular o paladar e a percepção dos alimentos, além de exercitar a mastigação a partir de 1 ou 2 anos de idade. Vale ressaltar que, ao contrário do que possa parecer na atual cultura *diet*, as gorduras desempenham papel fundamental no nosso organismo e são cruciais na primeira infância, quando se dá a maturação do sistema nervoso: manteiga e azeite crus, além do leite integral, estão presentes em nosso cardápio. No entanto, o excesso de gordura, assim como de açúcar, é prejudicial e pode deturpar o paladar das crianças. Leite, sucos e chás não precisam ser adoçados. Evitamos o açúcar branco e doces industrializados com corantes e produtos químicos; oferecemos frutas (frescas, secas e em geleias), bolos e biscoitos caseiros.

Os momentos de alimentação – lanche ou almoço – pontuam a rotina escolar, considerando um intervalo de no mínimo três horas entre as refeições. Intervalos de três a quatro horas podem ocorrer desde os primeiros meses de vida em crianças saudáveis (Burkhard, 1984), sendo importantes para que a digestão ocorra de forma completa e o apetite se manifeste. Nos intervalos, oferecemos água a todos, tendo as crianças maiores (a partir dos 3 anos) livre acesso ao bebedouro.

Na hora das refeições, as professoras criam um clima tranquilo para que as crianças comam à vontade, sintam-se livres para experimentar e expressar suas vontades e sirvam-se do lanche ou do almoço com autonomia, usando as mãos e/ou os talheres. Afinal, comer não é apenas um ato de nutrição. Os momentos de refeição são de encontro, de compartilhamento e de prazer. Os alimentos têm cheiros, cores, sabores e outras características variadas e interessantes – a comida conta histórias!

Incentivamos as crianças a experimentar de tudo e a mastigar corretamente, bem como a manter-se sentadas com o grupo até se sentirem satisfeitas. Aos poucos, as demandas de si e do grupo vão se articulando e a criança aprende a comer com os colegas, respeitando as regras sociais e o próprio corpo. Por exemplo, uma criança de 1 ano já é capaz de pedir mais comida ou de recusá-la, mesmo sem falar; uma criança maior já pode usar talheres e guardanapo ou pedir para experimentar o lanche diferente de um amigo; uma criança que só quer comer arroz branco pode aceitar experimentar mais dois alimentos, seguindo a orientação da professora de escolher no mínimo três opções entre o que é servido.

A parceria com um nutricionista, como temos desde o início com Mitiyo Nagata[2], também é importante: além de fornecer as refeições e as orientações para o preparo do lanche feito na escola, trata-se de um profissional que pode nos assessorar nas frequentes dúvidas sobre a alimentação infantil. Nos últimos anos, tem crescido o número de casos de intolerância e alergia alimentares, que exigem da escola um acompanhamento particularizado do que os alunos comem e de que alimentos podem compartilhar. Contar com um profissional de confiança é fundamental na hora de avaliarmos as recomendações especiais de alguns alunos.

Na primeira infância, em que o ritmo de crescimento é muito acelerado, comer de modo equilibrado e saudável é imprescindível para o bem-estar da criança. Ela não conseguirá brincar bem, seguir sua curiosidade, manter-se tranquila e atenta para, por exemplo, ouvir uma história se estiver com fome, indigestão, intestino preso ou cólicas. Quanto mais nova é a criança, mais indissociáveis são esses processos. Porém, forçar uma criança a comer não é uma alternativa. Quando algo não vai bem nos momentos de alimentação escolar, a instituição precisa se comunicar com os pais e buscar estratégias para superar o problema.

Os momentos de alimentação caminham junto com alguns hábitos de higiene: lavar as mãos antes de comer, não comer o que cai no chão, não compartilhar copo e talher do colega, jogar os restos no lixo, escovar os dentes depois das refeições. Outros são parte do cotidiano, como limpar o nariz, trocar roupa suja ou molhada, escovar o corpo para tirar a areia an-

---

2   Mitiyo Nagata é formada em Nutrição pela Faculdade de Saúde Pública da Universidade de São Paulo e proprietária da Papinhas alimentação infantil.

> **LANCHE SAUDÁVEL**
> Seguindo as orientações de Burkhard (1984), consideramos que o lanche ideal é composto de suco de frutas, fruta e cereal ou pão integral com leite/laticínios.
>
> A seguir, algumas estratégias que utilizamos nesse momento tão especial da rotina escolar:
>
> - reunir as frutas trazidas de casa e organizar com as crianças uma salada de frutas coletiva;
> - incentivar que descasquem sozinhas a mexerica ou a banana, segurando a fruta na mão para consumi-la (a partir de 1 ano, aproximadamente);
> - preparar biscoitinhos de aveia com a turma, fáceis e rápidos de assar, ou oferecer aveia em flocos para as crianças jogarem sobre a banana descascada e amassada por elas; "temperar" as frutas pode aguçar o apetite – experimente também gergelim, canela, granola etc.;
> - promover um lanche comunitário (cada um traz um alimento), um piquenique ao ar livre no pátio ou uma "oficina" de sanduíches.

tes de deixar o pátio, usar o banheiro e lavar as mãos. Encontros regulares com um pediatra e reuniões sobre o tema são fonte importante de conhecimento e, além de aperfeiçoar a prática, valorizam o trabalho dos professores nessas tarefas tão presentes na educação infantil.

Ainda como parte de uma visão de saúde, incentivamos a brincadeira, a interação entre as crianças e o contato com a natureza, ao mesmo tempo que zelamos por seu bem-estar e segurança. Cabe à escola proporcionar um ambiente seguro e limpo seguindo as normas e orientações da Agência Nacional de Vigilância Sanitária (Anvisa), porém não asséptico e acolchoado. Segundo a orientação dos pediatras parceiros, entrar em contato com os elementos naturais e seus "bichinhos" e "sujeiras" auxilia o desenvolvimento do sistema imunológico; portanto, as crianças devem brincar com terra, areia, grama, madeira, tecido e fibras vegetais e ter contato direto com frutas e demais alimentos. Uma criança que brinca bastante, com liberdade, em geral termina o dia com a roupa suja – isso para nós é sinal de saúde! Claro que é preciso regularmente ter mãos e rosto lavados (e, para os menores, fralda trocada), mas impedir a criança de brincar e de explorar o ambiente da escola em nome de manter a roupa limpa é contrariar todos os princípios de educação.

Brincar na areia e na terra é uma atividade essencial na primeira infância: encher e esvaziar, construir e destruir, apertar, bater... sem medo de estragar ou de deixar os outros bravos. Criar um monte que é um castelo, então uma montanha, depois pisar em cima e fazer tudo desaparecer! Nossos tanques são limpos regularmente nas férias: trocamos quase duas toneladas de areia pura, de cor natural. As areias coloridas, atualmente tão usadas em *playgrounds*, sofrem um tratamento químico com corante e verniz; embora sejam anunciadas como antialérgicas, preferimos sempre os produtos naturais. Nossos tanques contam com drenagem e ficam em local ensolarado, o que permite que a areia esteja sempre seca e limpa. À noite, permanecem cobertos com lona ou com rede, para evitar a visita de gatos e outros animais.

Por sua vez, pisar na areia sem sapato estimula e massageia a planta dos pés, ativando os músculos dos pés e das pernas – e, portanto, do corpo inteiro – na busca do equilíbrio. Sempre que possível, incentivamos as crianças a ficar descalças no pátio, pois se trata de um ótimo exercício.

A riqueza e a diversidade de características físicas do ambiente e seus obstáculos podem fornecer um estímulo para o desenvolvimento da motricidade e, sob supervisão e orientação dos adultos, as crianças põem à prova suas possibilidades.

O risco de cair ao correr e arranhar os joelhos, por exemplo, faz parte do universo de aprendizagem de uma criança que já sabe correr; com a experiência, se não tiver dificuldades especiais, ela aprenderá a correr em diferentes pisos sem cair. Se a criança correr apenas num chão macio, poderá crescer sem noção de perigo e da necessidade de ajustar a marcha ao local onde está. Porém, o piso deve receber manutenção constante, evitando-se água empoçada, chão molhado ou pedras soltas.

Como acidentes acontecem, mesmo em locais bem cuidados e sob a supervisão atenta de um adulto, professores, auxiliares e demais funcionários da escola precisam saber prestar os primeiros socorros e identificar sinais de adoecimento.

Aqui, a participação de um pediatra é preferível a outros socorristas, pois esse profissional está mais próximo das ocorrências corriqueiras e do atendimento às famílias. A parceria com um pediatra de confiança dá à equipe maior liberdade de fazer perguntas e compartilhar receios. Na medida em que professores não são profissionais da saúde, o mais importante é saber o que *não* fazer em casos de acidente, para não agravar o quadro, e organizar-se de forma eficiente, que facilite a ajuda médica quando necessário. Manter caixas de primeiros socorros em locais de fácil acesso e as fichas dos alunos com telefones atualizados para contatar pais ou outros responsáveis em caso de necessidade são medidas simples e valiosas.

ODONTOLOGIA NA ESCOLA

O momento de escovar os dentes após todas as refeições faz parte do dia a dia da escola. Nosso objetivo é formar hábitos de higiene saudáveis, que só são construídos se incorporados ao cotidiano das crianças.

Em 1999, implantamos um programa de saúde bucal, encabeçado por Areobaldo Espinola de Oliveira Lima Neto e Deborah Zanqueta de Oliveira Lima[3], pais de uma aluna da escola. Consideramos que, se a escovação era um hábito importante, que os professores precisavam levar a sério, necessitávamos de apoio profissional para colocá-lo em prática.

Como dentistas e pais "de primeira viagem", Areobaldo (Bado) e Deborah mostraram grande empenho e dedicação ao projeto ao procurar estratégias lúdicas que engajassem as crianças, convictos de que a escola cumpre importante papel na prevenção de cáries e na educação em saúde. O objetivo do programa é apresentar às crianças, aos pais e aos professores informações e práticas que contribuam para uma boa saúde bucal. De

---

3 Areobaldo Neto é formado em Odontologia pela Universidade de Mogi das Cruzes e responsável pelo programa de saúde bucal da Creche Nossa Senhora do Rosário desde 1997. Deborah Lima também é formada em Odontologia pela Universidade de Mogi das Cruzes.

acordo com esse programa, a higienização da boca deve se iniciar desde os primeiros dias de vida do recém-nascido, após as mamadas, e ser feita com gaze e água fervida. Tão logo surja o primeiro dente, troca-se a gaze por uma dedeira de silicone ou escova com cerdas bem macias.

De forma lúdica e adequada a cada idade, diversas atividades são realizadas com as crianças de 12 meses a 5 anos, para que aprendam a forma correta de escovar os dentes, compreendam a importância desse hábito e conheçam a boca e as mudanças ocorridas durante o crescimento (nascimento dos dentes de leite, perda desses dentes e nascimento dos permanentes). Por meio de leitura de histórias, desenho, modelagem, construção com sucata, teatro de fantoches e rodas de conversa, são abordados temas como a boca e suas partes, alimentos saudáveis para os dentes, função dos dentes e prevenção de cáries, de maneira que as crianças encontrem significado no ato de escovar os dentes.

Nas visitas mensais dos dentistas, que costumam ocorrer ao longo de um semestre, há um momento de escovação de dentes coletiva, quando os profissionais mostram os movimentos corretos a ser realizados e a quantidade adequada de pasta a ser usada, orientando os docentes para que conduzam esse momento da melhor maneira possível no cotidiano escolar. Os dentistas também estão disponíveis para esclarecer dúvidas dos professores.

Além dos conhecimentos específicos e de orientações para que a escovação seja feita de forma correta, a presença regular desses profissionais na escola traz motivação a crianças e adultos, não só aos professores como aos pais.

Recomendações importantes feitas por eles são repassadas aos responsáveis por meio de circulares. Os temas variam: a erupção dos primeiros dentes, a escolha da escova e da pasta de dentes e seu uso adequado, a troca dos dentes, o perigo dos traumatismos dentários, os aparelhos ortodônticos e outros aspectos relativos à saúde bucal.

Segundo os pais, esse contato com os dentistas na escola costuma facilitar as visitas da criança ao odontologista, além de diminuir a resistência de algumas delas na hora da escovação em casa.

Tânia Campos Rezende e Vitória Regis Gabay de Sá

FONOAUDIOLOGIA NA ESCOLA

Nos primeiros meses de vida, a boca é um órgão da máxima importância, pois o bebê a utiliza como instrumento para conhecer o mundo e para se comunicar.

Na educação infantil, presenciamos o surgimento da fala e participamos desse processo por meio do intenso convívio diário com as crianças. Mais do que as atividades de linguagem, acreditamos que é a relação estabelecida entre as pessoas, pelo uso da palavra, que produz melhores efeitos sobre o desenvolvimento da fala dos pequenos. De modo geral, conversar usando corretamente a língua portuguesa e estabelecendo momentos de diálogo é o principal recurso para o desenvolvimento da linguagem verbal.

Porém, quando as crianças apresentam dificuldades ao aprender a falar – por exemplo, com trocas de fonemas ou outras dificuldades ligadas ao uso da chupeta ou à mastigação –, consultamos sempre um especialista na área.

Nos primeiros anos da escola, a fonoaudióloga visitava-nos pontualmente para detectar problemas e fazer o encaminhamento aos pais. Caso uma professora notasse que um aluno babava muito, por exemplo, ou falava de um jeito estranho, a fono era consultada. Esse modelo de assessoria, porém, privilegiava os sintomas e isolava-os do que ocorria em sala de aula e de uma possível intervenção escolar. Buscamos assim outra abordagem, que pudesse ser articulada com nossa visão de linguagem e, num enfoque transdisciplinar, participar do trabalho pedagógico.

A parceria firmada desde 1999 com Maristela Bernardineli[4] tornou-se, aos poucos, uma assessoria regular e contínua. Ela tem os conhecimentos técnicos da área, mas encara a fala e outras funções orais de modo integrado às funções psíquicas – é esse diferencial que mais contribui para o nosso trabalho. A boca não é vista como parte independente do organismo – a língua sempre para fora, o reflexo acentuado de vômito, a troca

---

4 Maristela Bernardineli é fonoaudióloga formada pela Pontifícia Universidade Católica de São Paulo (PUC-SP), com especialização em Clínica Interdisciplinar com Bebê pela Coordenadoria Geral de Especialização, Aperfeiçoamento e Extensão (Cogeae) da PUC-SP e no Método Bobath pela Abradimene – Campinas.

de R pelo L são sinais considerados dentro de um quadro complexo composto pela criança.

Em visitas semanais e a pedido da professora, a fono entra na sala de aula, observa a atividade do momento – roda de história, brincadeira livre ou lanche – e participa dela. Analisa não só o aluno que está preocupando a professora como todo o grupo, a educadora, as interações. Conversa com professores e coordenadora pedagógica, participa de reuniões de equipe, auxilia na avaliação de determinados alunos e propõe intervenções simples e viáveis no âmbito escolar. Por fazer parte do trabalho pedagógico, sua assessoria possibilita o planejamento de estratégias de âmbito coletivo com os professores; ainda que o foco seja uma dificuldade individual, a intervenção pode beneficiar o grupo todo. Esse trabalho será explicitado de forma mais detalhada na Parte V, "As crianças 'difíceis'".

EDUCAÇÃO CORPORAL NA ESCOLA

Como vimos, a supervisão contínua de fonoaudióloga, dentistas e pediatras contribui para uma visão global da criança e de seu corpo, que está em intenso processo de formação e crescimento na primeira infância. Especialmente na educação infantil, o corpo é um elemento da mais alta importância. As crianças movimentam-se o tempo todo! Por meio do gesto e do movimento, não só expressam suas sensações e emoções como interagem com o mundo e aprendem, conhecem a si mesmas e desenvolvem suas capacidades. Assim, a escola precisa investir na qualidade e na diversidade de experiências motoras e corporais que proporciona às crianças no dia a dia.

Toda a equipe da Jacarandá amplia e aprofunda seu olhar para a relação corpo-movimento por meio de reuniões e cursos. A formação em Pedagogia e/ou Psicologia, infelizmente, não proporciona uma boa base teórica sobre o tema, e, na prática, a familiaridade com atividades físicas depende das preferências de cada profissional. O professor precisa conhecer o próprio corpo e trabalhar sua respiração e postura, pois está em íntima relação com os alunos, sendo modelo para eles. Além disso, o trabalho com crianças pequenas exige bastante da saúde física do adulto e da sua consciência corporal, já que constantemente carrega os alunos no colo, senta no chão ou em cadeirinhas baixas, carrega objetos, pendura pinturas na parede, corre, dança, nina bebês.

Sentimos necessidade de assessorias esporádicas ou pontuais na área motora, pois a aprendizagem de gestos, movimentos e posturas não se dá somente por meio de textos e orientações verbais. Realizamos oficinas e cursos, como massagem para bebês, danças brasileiras, jogos corporais e orientação postural com diversos especialistas.

Em determinados momentos, a escola optou por investir na saúde e na consciência corporal da equipe docente, oferecendo atividade física orientada. Embora alguns professores chamassem o trabalho de "ginástica", os objetivos em nada se aproximavam de uma prática de condicionamento físico ou de ginástica laboral. Aos poucos, os funcionários foram tomando contato com suas dores e possibilidades, o que gerou mudanças posturais e a busca pessoal de tratamentos ou de atividades físicas para lazer. Para tanto, contamos com a assessoria de Christina Ribeiro[5], que tem larga experiência com grupos de professores e com adultos, crianças e bebês em clínica terapêutica.

Em outros momentos, a escola organizou uma assessoria específica, focada no trabalho com as crianças (como supervisão das atividades corporais planejadas pelos professores ou ampliação de seu repertório) ou em questões como as posições corretas para dormir ou sentar.

O sentar é uma das questões mais presentes no cotidiano escolar. Para aprender a sentar, não bastam vídeos ou livros sobre coluna vertebral e a ergonomia. Com a presença de um profissional que nos ajude a perceber os ísquios, sentir a diferença de ter ou não apoio dos pés e outros detalhes da postura sentada, é mais fácil nos (re)posicionar ao sentarmos, conquistar paulatinamente uma postura mais saudável (cientes de que se trata de um longo processo) e cuidar melhor da criança que está aprendendo a sen-

---

[5] Christina Ribeiro é educadora física e terapeuta corporal. Formada em Reeducação do Movimento pela Escola Ivaldo Bertazzo; em Dança/Arte do Movimento (método Rudolf Laban) por Maria Duschenes; e em Fisioterapia Articular Analítica (método Sohier). É coautora do livro *De olho na postura – Cuide bem do seu corpo nas atividades do dia a dia* (Summus, 2010).

tar. Ao mesmo tempo que os professores ganham mais consciência corporal, evitando dores e lesões decorrentes de sua prática profissional, aprendem a observar melhor as crianças e a lhes proporcionar situações mais ricas e saudáveis.

> **SENTAR**
>
> Sentamo-nos no chão várias vezes ao dia e, nos momentos de roda, é importante que as crianças adotem uma postura saudável para o corpo. A fim de ajudá-las a se organizar corporalmente, use um minibanquinho feito com uma lista telefônica encapada ou um bloco de E.V.A. Além de facilitar a percepção da localização dos ísquios, os banquinhos auxiliam a manter a bacia bem posicionada e, consequentemente, a coluna ereta sem desconforto.
>
> Ao realizarem atividades e refeições à mesa, sentadas em cadeiras, as crianças devem apoiar os pés no chão, o que lhes permite utilizar melhor os braços e as mãos. Para isso, é preciso ter diferentes tamanhos de cadeira e de mesa infantil. Se a criança não conseguir apoiar os pés no chão, basta colocar o minibanquinho sob eles.
>
> Fonte: Ribeiro e Liggieri, 2010.

II • O BRINCAR NA EDUCAÇÃO INFANTIL

4. A BRINCADEIRA

A BRINCADEIRA ESTÁ presente o tempo todo na escola: na hora de receber um aluno novo, de trabalhar com as áreas do currículo, de avaliar o desenvolvimento infantil, de cuidar dos bebês ou de lidar com uma criança particularmente difícil. O brincar é a atividade principal e fundamental da educação infantil, constituindo-se tanto como um meio de atingir os objetivos educacionais dessa etapa da escolarização como um fim em si mesmo: brincar é um objetivo, pois a criança que brinca bem está bem. O brincar é a essência da infância e queremos, em primeiro lugar, que as crianças que frequentam a escola brinquem.

Na brincadeira, seus recursos são mobilizados, postos em ação, em coordenação – entre si e entre os recursos externos. Desse modo, se criam e se fortalecem. A brincadeira é também uma forma de expressão e pode representar, manifestar o que não é dito em palavras. É uma fonte de prazer, de conhecimento e autoconhecimento. Trata-se, assim, de uma valiosa forma de conexão com o mundo.

A brincadeira parece criar um mundo intermediário entre a fantasia e a realidade, entre o eu e o outro, que pode funcionar como uma ponte entre a criança e o mundo aonde ela acaba de chegar. O que é isso que balança pendurado no teto? Será que consigo entrar nesse buraco? Como funciona esse negócio de onde sai água? Eu quero isso de novo! Mais! O que eu faço quando minha mãe não olha pra mim? Faz de conta que eu sou o nenê...

Não vemos sentido em nos alongar na descrição dos diferentes tipos de brincadeira. Há vasta literatura sobre isso, mas as teorizações sobre o brincar podem, em vez de ajudar os professores, transformar a brincadeira em atividades pedagógicas.

Ora, no brincar a criança é a protagonista: ela é quem conduz a própria brincadeira, e não os adultos. Para que isso seja possível na escola, é preciso tempo, espaço e uma atitude de abertura dos professores – o que, por sua vez, depende do posicionamento da equipe de gestão. Numa escola em que a direção quer "mostrar serviço" aos pais e exige produção gráfica dos alunos como comprovação, os professores preocupam-se em realizar atividades ou "trabalhinhos", ficando a brincadeira associada à perda de tempo. A necessidade de controle dos professores pela direção ou coordenação pedagógica também pode comprometer o tempo dedicado à brincadeira, já que isso implica seguir a dinâmica da turma e talvez romper com rotinas e protocolos preestabelecidos. Em determinados momentos, o educador poderá ser mal interpretado por uma chefia que não acredita na potência da brincadeira, se for flagrado sentado, observando seus alunos (ou seja, aparentemente sem fazer nada) ou brincando com eles, rindo e se divertindo.

Brincar faz bagunça. Brincar faz barulho. Também faz sujeira. Às vezes, pode machucar ou estragar alguma coisa. Não à toa as pessoas mais controladoras não apoiam a brincadeira na escola. Mas, sob a aparência de uma sala de aula impecável e crianças pequenas limpinhas e penteadas ao final do dia, não encontramos uma educação eficiente. Ao contrário: a escola que não permite que seus alunos brinquem de verdade oferece uma educação danosa, que lesa as crianças em seu direito fundamental e não promove o seu desenvolvimento com a qualidade que só o brincar é capaz de proporcionar.

Costumamos afirmar que não há problema caso uma ou outra atividade planejada não for bem-sucedida ou não houver tempo para ser realizada, desde que as crianças tenham brincado bem; não faz mal se a professora ainda não conseguiu definir o projeto do semestre ou escolher a técnica de pintura que vai propor, desde que as crianças estejam brincando bem. O mais importante é a brincadeira. Mas o que queremos dizer com brincar "bem"?

Brincar bem é tomar a iniciativa de interagir com alguma coisa, estar entregue de corpo e alma àquilo que está fazendo, encontrando ali um sentido e sentindo prazer. Isso acontece com um bebê que fica um longo tempo manipulando o próprio pé, puxando a meia, colocando-o na boca... E também com uma criança maior que corre atrás de um amigo e percorre todo o pátio, ora imitando um bicho, ora dizendo ser um super-herói.

Qualquer ação ou comportamento só é chamado de brincadeira se cumpre com alguns requisitos básicos que, em determinada cultura, identificam a atividade lúdica. A existência de uma cultura lúdica – um conjunto de regras e significações específicas ao jogo, como defende Brougére (2015, p. 24) – contraria a noção de um comportamento lúdico natural. Para o autor, o jogo é

> [...] uma atividade que supõe atribuir às significações de vida comum outro sentido, o que remete à ideia de fazer de conta, de ruptura com as significações da vida quotidiana. Dispor de uma cultura lúdica é dispor de certo número de referências que permitem interpretar como jogo atividades que poderiam não ser vistas como tais por outras pessoas. Assim é que são raras as crianças que se enganam quando se trata de discriminar no recreio uma briga de verdade de uma briga de brincadeira.

É fato que alguns animais, quando filhotes, brincam, mas de modo instintivo e preparatório para as competências que precisam adquirir na vida adulta. Já os bebês humanos aprendem a brincar com as pessoas de seu grupo social, em cuja cultura seus comportamentos ganham sentido. As pequenas brincadeiras que acontecem entre um bebê e sua mãe, por exemplo, são fundamentais para sua constituição psíquica, sendo notável como um bebê saudável se oferece para a interação, convocando o adulto a repetir aquele conjunto de ações que geram um prazer compartilhado.

> A criança começa a se inserir no jogo preexistente da mãe mais como um brinquedo do que como uma parceira, antes de desempenhar um papel mais ativo pelas manifestações de contentamento que vão incitar a mãe a continuar brincando. A seguir ela vai poder tornar-se um parceiro, assumindo por sua vez o mesmo papel da mãe, ainda que de forma desajeitada, p.ex. nas brincadeiras de esconder uma parte do corpo. A criança aprende assim a reconhecer certas características essenciais do jogo: o aspecto fictício, pois o corpo não desaparece

de verdade, trata-se de um faz de conta; a inversão dos papéis; a repetição, que mostra que a brincadeira não modifica a realidade, já que se pode sempre voltar ao início; a necessidade de um acordo entre parceiros, mesmo que a criança não consiga aceitar uma recusa do parceiro em continuar brincando. Há, portanto, estruturas preexistentes que definem a atividade lúdica em geral e cada brincadeira em particular, e a criança as apreende antes de utilizá-las em novos contextos, sozinha, em brincadeiras solitárias, ou então com outras crianças. (Brougére, 2015, p. 22)

Brincar bem supõe, assim, *saber brincar*, ou seja, permitir-se entrar no universo lúdico com concentração, dedicação, intenção – mas também com uma variabilidade ao longo do tempo: brincar sozinho e com os outros; brincar com o próprio corpo e com outros objetos; brincar com brinquedos e temas variados. É comum que as crianças brinquem repetidas vezes do mesmo jeito e queiram reencontrar certos objetos para fazer de novo a mesma cena ou dar continuidade a ela, mas uma boa brincadeira contém certa dose de improviso, de criação, admitindo a entrada de novos elementos e tolerando uma ou outra frustração – caso contrário, pode ser um sintoma de que algo não vai bem com a criança.

Construir e destruir estão quase sempre presentes nas brincadeiras infantis; dominar esses dois polos é uma tentativa constante. O contato com areia, terra, água e materiais desestruturados é fundamental e ajuda a criança a fazer e desfazer suas construções inúmeras vezes, sem grandes preocupações (dela ou do adulto).

5. A BRINCADEIRA NA ESCOLA

NA ESCOLA, A brincadeira sempre ocorre num ambiente que foi previamente organizado, na presença de um adulto não familiar e profissional de educação, dentro de uma rotina sistemática, o que a diferencia das outras situações lúdicas experimentadas pelas crianças.

A maior parte da rotina na escola deve ser dedicada à brincadeira, mas mesmo nos momentos de higiene, troca, refeição, trânsito entre uma sala e outra e atividades coletivas a criança continua brincando. Os bebês de até 12 meses, por exemplo, fazem coisas que, por vezes, não são consideradas brincadeiras: rolar pelo vinil, jogar a colher do alto do cadeirão, observar o movimento do móbile, engatinhar por superfícies diversas, dar pequenos chutes no momento de trocar a fralda, levar os pés à boca e dar gritinhos para interagir com a professora, entre outras ações.

Consideramos brincadeira toda e qualquer ação da criança que coloca em exercício prazeroso suas capacidades e expressa seu desejo de conhecer o mundo. Assim, para os professores planejarem os espaços e tempos da brincadeira em sua rotina, bem como os materiais que serão disponibilizados, as referências sobre a faixa etária podem ajudar. Tais referências apontam para o que é mais comum em cada idade e para a sequência esperada do desenvolvimento; porém é preciso salientar que não há desenvolvimento natural e isolado da aprendizagem e do contexto sociocultural. As descrições etárias servem somente como ponto de partida – a observação cuidadosa de cada criança e do grupo é que apontará o rumo a seguir.

A interação com crianças de diferentes idades amplia o repertório de todas e em geral gera menos conflito e agressões do que quando reunimos somente crianças que estão passando justamente pelos mesmos desafios e dificuldades. A diversidade de um grupo é uma riqueza que deve ser aproveitada, pois as crianças aprendem muito umas com as outras e a brincadeira ganha uma dinâmica mais harmônica.

Até os 2 anos, a brincadeira espontânea costuma se enquadrar na categoria sensório-motora, de acordo com o que foi elaborado por Piaget e seguidores. A criança explora tudo que lhe atrai, seguindo os modos de agir que já conhece (morder, segurar e soltar, chacoalhar, enfiar o dedo, chupar etc.), e descobre novas ações. A boca continua sendo uma via importante de conhecimento e prazer. Imita as pessoas ao seu redor, sobretudo os adultos que lhe são referência, e também os movimentos de objetos e seres da natureza. Demonstra grande interesse pelos objetos que os adultos usam: óculos, canetas, livros, chaves, equipamentos eletrônicos e instrumentos da vida cotidiana. A criança é essencialmente rítmica e tem prazer na repetição de movimentos, sons e palavras do dia a dia, aos quais vai atribuindo sentido (o "alô" ao telefone, o vaivém do balanço, o varrer da vassoura...).

Entre 2 e 3 anos de idade, a brincadeira da criança tende a apresentar aspectos simbólicos aliados aos sensório-motores, oscilando entre o simples exercício de um esquema ou ação e a coordenação de ações subordinadas a um significado simbólico. A criança pode correr ao redor da mesa e, em dado momento, virar um cavalo trotando, que em seguida desaparece quando ela encontra um brinquedo no chão.

A representação mental ainda não é suficientemente próxima do real, nem organizada em sequência espacial ou temporal – assemelha-se a um sonho e nem sempre exprime claramente aos outros o sentido que tem para a criança, mesmo porque tal sentido é maleável. Um meio de ter acesso a esse mundo é a linguagem. De início, quando questionada, a criança tende a descrever objetos ou cenas simples ("é o meu carro"; "o cachorro caiu", por exemplo), progredindo aos poucos para ideias mais complexas e articuladas entre si – trata-se do início das narrativas.

A partir dos 4 anos, a brincadeira da criança geralmente é do tipo simbólico, na maior parte do tempo. Costuma ser chamada de "faz de conta", expressão que ainda é usada pelas crianças na hora de brincar: "Faz de conta que aqui era a minha casa, tá?"; "Faz de conta que isso era meu carro", ou seja, as ações e os objetos usados representam uma cena ou situação vivida por ela ou proveniente de seu imaginário. "Fazer de conta" com um ou mais colegas indica que há um acordo quanto às representações usadas: todos sabem que aquele objeto não é uma casa ou um carro de verdade, mas agirão como se fosse. A criança age intencionalmente como se um objeto fosse outro, ou como se ela mesma fosse algo ou alguém de que gosta. Começa a representar cenas mais complexas e por vezes já formula verdadeiras histórias, em que cada um tem um papel, o que requer uma interação social. Diz Bomtempo (1997, p. 63-64): "A criança passa do brinquedo cujo conteúdo básico é a reprodução das atividades dos adultos com objetos para o brinquedo cujo conteúdo básico torna-se a reprodução das relações de adultos entre si ou com crianças".

A brincadeira simbólica, embora seja normalmente chamada na escola de brincadeira livre, dado que as crianças podem escolher do que, como e com quem vão brincar, envolve também uma regra.

> Não uma regra explícita, mas uma regra que a própria criança cria. Segundo Vygotsky, à medida que a criança vai se desenvolvendo, há uma modificação: primeiro predomina a situação e as regras estão ocultas (não explícitas); quando ela vai ficando mais velha, predominam as regras (explícitas) e a situação imaginária fica oculta. (*Ibidem*, p. 61)

As crianças brincam também com personagens e situações de seu imaginário, com coisas que só existem na fantasia e ganham corpo por meio de ações e objetos. Dessa forma, iniciam uma comunicação: consigo próprias, pois podem pensar sobre o que imaginam e dar-se conta de suas fantasias; e com os outros, que podem participar de sua brincadeira e dialogar com sua imaginação. Nesse mundo do faz de conta, tudo é possível – a criança experimenta papéis inacessíveis na vida real e certo controle sobre situações que, na realidade, assustam-na. Ao brincar inúmeras vezes com lanternas ou com grandes tecidos formando cabaninhas, uma criança pode ser a "dona" da luz e da sombra e conseguir superar o medo do escuro, para dar um exemplo mais corriqueiro.

Por isso, a brincadeira em que a criança é a protagonista é tão importante para elaborar situações difíceis. Brincando, ela adquire mais entendimento, segurança, autoestima e recursos sociais – ela se conhece e se fortalece. Brincar é prazeroso e satisfatório.

Por vezes, no entanto, a criança repete a mesma brincadeira incessantemente, mostrando ansiedade e pouca tolerância a qualquer mudança ou participação alheia, ou permanece longos períodos sem brincar, apática ou perambulando sem direção. Esse tipo de observação requer uma avaliação mais aprofundada, pois pode indicar um sofrimento psíquico que merece ajuda – às vezes, apenas um manejo cuidadoso na escola e na família; em outras, um encaminhamento para tratamento.

COMO PROMOVER A BRINCADEIRA NA ESCOLA?

No momento dedicado a brincar, é preciso criar um ambiente propício para a interação das crianças umas com as outras e com os brinquedos e materiais, o que demanda a presença ativa da professora.

Os professores devem deixar as crianças à vontade para brincar livremente no local delimitado (sala ou pátio), fazendo um simples convite: "Vamos brincar!" ou "Agora escolham do que querem brincar". Podem ser dadas sugestões verbais ou acrescentados objetos na sala. Por exemplo: "Hoje podemos brincar como aquele menino da história, que foi até o fundo do mar..."; "Coloquei aqui algumas caixas vazias que vocês podem usar para brincar, se quiserem". As crianças às vezes solicitam ajuda para criar algo de que "precisam" em suas brincadeiras; nesses momentos, a educadora pode ajudá-las a encontrar algo que sirva àquele propósito ou a construí-lo com o material disponível. Como para a criança brincar é uma atividade séria, feita com dedicação e empenho, é fundamental que os professores também levem seus propósitos a sério – ajudando a providenciar um tecido e amarrando-o de forma que seja a rede na qual o bebê vai dormir ou oferecendo uma caixa grande onde as crianças possam fazer sua cabana de acampamento. O mesmo deve acontecer com as explorações mais motoras das crianças menores que querem, por exemplo, entrar e sair do tanque de areia várias vezes, num exercício constante, mas precisam de uma mãozinha do adulto para fazê-lo com segurança.

Infância, liberdade e acolhimento

Às vezes, o arranjo da sala e os brinquedos disponíveis estimulam um repertório limitado de brincadeiras ou o próprio convite dos adultos direciona a brincadeira, ainda que sem intenção. Ampliar esse repertório é fácil: bastam algumas modificações no espaço, materiais novos e até mesmo sugestões verbais. As crianças podem brincar com todas as situações que já conhecem (e muitas vezes são verbalizadas na roda de conversas) e com aquelas advindas do imaginário: fazer compras, visitar a vovó, ir ao teatro, ao parque, à feira, ao sítio, à praia, ao médico, ao dentista, ao cabeleireiro, levar o cachorro pra passear, ir à banca de jornais, lavar roupa, fazer faxina na casa, cozinhar, assistir a um filme, ir a uma festa de aniversário etc. Na brincadeira, também é possível viajar de foguete, explorar uma floresta, enfrentar monstros marinhos, visitar o país das fadas ou um planeta desconhecido, virar a Cachinhos Dourados ou o Saci, navegar pelo mar ou pelo rio, ser um bicho, ser vaqueiro, maquinista de trem, cantor, mecânico, marceneiro, bailarina, malabarista. No plano da fantasia, tudo é permitido; a brincadeira não precisa seguir a lógica dos adultos e do mundo real, embora a professora possa contribuir com informações sobre esses universos, fornecendo novos elementos.

Outra estratégia que pode enriquecer enormemente o repertório de brincadeiras das crianças é o encontro de crianças de diferentes idades. Como cada turma de crianças costuma repetir determinadas brincadeiras, ao se misturarem com outro grupo trocam ideias e aprendem novos modos de usar os materiais ou brinquedos. As oportunidades de encontro entre os grupos são planejadas sistematicamente, seja para brincarem juntos no pátio ou em sala.

As crianças têm ainda o direito de brincar sozinhas ou acompanhadas e precisam aprender a respeitar as opções dos colegas. A professora auxilia a interação entre os alunos ao convidar uma criança a se juntar a outra ou a sugerir a um aluno que convide determinado amigo para brincar com ele. Pode ainda oferecer aos mais retraídos um objeto que se "encaixe" na brincadeira dos outros, para que eles sejam chamados. A integração ao grupo também é cultivada em outros momentos mais dirigidos, em que as crianças tenham a possibilidade de se conhecer melhor e descobrir afinidades, o que vai prepará-las para o momento da brincadeira.

Antes de se aproximar de uma criança, o adulto precisa observar o que ela está fazendo e qual é sua intenção ou necessidade. A aparente bagunça talvez seja uma brincadeira interessante. Primeiro é preciso entrar em sintonia com a criança, perguntar-lhe o que está fazendo, para que se possa modificar a brincadeira, se necessário, ou prepará-la para a hora de guardar os brinquedos. Interrupções repentinas são violentas e só devem ser usadas em caso de urgência (quando a criança corre risco de se ferir, por exemplo). Durante o momento de brincadeira, é interessante orientar as crianças a recolher e guardar os objetos e brinquedos que estiverem espalhados ou fora do lugar, sem uso, para evitar acidentes, danos aos materiais e facilitar a circulação.

As crianças aos poucos começam a ser capazes de continuar uma brincadeira que foi anteriormente interrompida, o que pode ser combinado com elas. Por exemplo, depois do tempo determinado, terão de guardar os brinquedos e parar, mas poderão continuar brincando depois do lanche ou no dia seguinte.

Por vezes, surgem brincadeiras com temas que causam certo constrangimento ou preocupação nos adultos: lutas, troca de tiros ou as clássicas brincadeiras de médico, que costumam incluir uma pesquisa sexual. É fundamental que o educador tenha em mente que tais comportamentos são faz de conta – ninguém vai se matar nem consumar um ato sexual, tampouco tais brincadeiras são predições do futuro. No entanto, nessas situações, a professora deve colocar limites claros quando uma criança está incomodando a outra, evitar agressões e explicar o que pode ser feito em público e o que é de foro íntimo, o que é comportamento de adulto e o que é de criança.

As brincadeiras de luta cumprem importante papel no processo de domínio do próprio corpo, no conhecimento de sua força e de seus limites.

> Ao aceder à bipedestação e libertar as mãos, a criança começa a desenvolver diversas cenas nas quais os jogos de combate e disputa imaginária adquirem preponderância. Estes jogos de ataque e defesa de seu espaço e de seu corpo são parte das primeiras relações com seus semelhantes.
>
> Nestas relações, o prazer cinestésico e cenestésico colocado em jogo na cena se torna fundamental para o circuito pulsional do movimento.
>
> A criança terá que rivalizar com a imagem da outra criança para afirmar-se em sua posição, nesta disputa pelo próprio prestígio imaginário; as mãos cumprem um papel fundamental neste singular encontro-desencontro com o outro. A criança, em sua árdua e laboriosa conquista de posições – empurrar o outro, tirá-lo do lugar, agarrá-lo, sacudi-lo, bater nele (puxar o cabelo e arrancar a roupa) e defender-se –, compromete o manejo e o domínio espacial e corporal (especialmente o manual).
>
> Por este caminho, o sujeito-criança terá um corpo porque ele não é corpo. Luta precisamente para tê-lo e dominá-lo e, no mesmo sentido, luta com o outro para tê-lo (ter-se) e dominá-lo (dominar-se). (Levin, 1997, p. 118-19)

Outra brincadeira que costuma gerar mal-estar entre os adultos é aquela em que as convenções sociais entre meninos e meninas são desconsideradas. A criança brinca daquilo que gosta, daquilo que conhece e daquilo que quer conhecer mais a fundo. Portanto, para nós é muito claro que não devemos impor uma divisão entre o que seja brincadeira de menino ou de menina: a criança pode escolher do que quer brincar. Ela se coloca no papel que deseja conhecer melhor: ora faz de conta que é a mãe brava, ora quer ser o super-herói na tentativa de experimentar a força, ora faz de conta que é a princesa adormecida à espera do beijo... E, embora leve muito a sério as próprias brincadeiras, vai diferenciando o que é "de mentirinha" e o que é realidade. Por isso, o fato de uma menina brincar de boneca e de panelinha ou de princesa não significa que ficará à espera de um príncipe no futuro; se um menino brincar de pintar as unhas da colega, não vai por isso virar manicure nem ser um homem feminino. As reações e respostas dos adultos diante disso vão compondo um conjunto de ideias e de experiências para que a criança se aproxime de uma resposta, ainda que provisória, sobre os gêneros. As orientações sexuais e as escolhas profissionais são resultado de operações psíquicas bem mais complexas.

Mesmo que nós, adultos, não criemos uma divisão menino-menina para as brincadeiras, às vezes as próprias crianças o fazem. Elas mesmas dizem que "o Gabriel não pode brincar com a gente porque ele é menino e essa brincadeira é de menina..." Fazem isso na tentativa de entender o que é ser homem, o que é ser mulher, jogando com os elementos que fazem parte de sua vida social. Todo jogo carrega significações de seu contexto cultural, não sendo um produto puramente subjetivo e isolado do meio externo.

Consideramos importante problematizar de modo delicado e fazer aberturas nas concepções fechadas que as crianças explicitam, sem impor um modelo único: "Será que é assim?", "Será que não pode?", "Eu já vi um homem grande chorando (ou uma mulher pilotando avião)", "Puxa, que esquisita ficou essa história..." Quando se toca em valores familiares, os professores precisam encontrar um meio de promover a livre brincadeira na escola e o respeito à diversidade, ambos direitos fundamentais da criança. Às vezes, redirecionar para os pais as perguntas infantis é uma boa estratégia: "Tem muita gente que acredita que existe inferno para quem faz coisa errada – pergunta para os seus pais o que eles acham"; "Na casa do Fulano pode, e na sua? Pergunta pros seus pais por que não". Garantir que as crianças brinquem verdadeiramente e deem asas à imaginação implica, muitas vezes, uma atitude de resistência, sendo preciso afirmar: "Aqui na escola pode brincar assim". Se tais questões se tornam recorrentes num grupo ou se um aluno demonstra estar muito angustiado, uma boa avaliação e uma conversa com os pais são necessárias.

Os professores precisam estar atentos de modo geral a todo o grupo, identificando situações que coloquem em risco determinada criança – quando deverão intervir prontamente. Todas as crianças necessitam de atenção, carinho e contato físico, mesmo quando estão bem. Às vezes, um olhar ou um sorriso basta para que elas se sintam seguras e assegurem-se de que podem contar com o professor.

Os limites devem ser explicitados de maneira clara e descritiva, com ênfase no que pode ser feito, no que é desejado e esperado. Os limites poderão ser explicados depois, em uma roda, para que as crianças aos poucos se apropriem dessas orientações, entendam suas razões e aprendam a se autorregular.

A finalização do momento de brincadeira, seja em sala ou no pátio, precisa ser planejada para que seja eficiente e preferencialmente lúdica. Recomenda-se convidar as crianças, em sintonia com sua brincadeira, a guardar cada coisa em seu lugar um pouco antes do momento em que de fato será necessário mudar de atividade ou local. Uma canção ou som poderá ajudá-las a se localizar no tempo e a "despertar" da brincadeira. Trata-se de um momento rico em situações que exigem raciocínio lógico, como reunir todas as frutas numa cesta ou todos os carrinhos na prateleira, e costuma inspirar desafios para as crianças.

Observar a brincadeira das crianças permite que os professores identifiquem as questões que estão mobilizando o grupo, os temas preferidos e os ignorados. Auxilia-os, ainda, a planejar com o grupo, se possível, atividades que enriqueçam seu imaginário e seu conhecimento de mundo, esclareçam dúvidas, permitam confeccionar materiais interessantes. Na educação infantil, o brincar não pode ser encarado como o intervalo de recreio, nem como o tempo de descanso dos professores, em que as crianças fiquem sob a tutela de um inspetor ou bedel: afinal, é a oportunidade mais preciosa da convivência na escola desde os primeiros anos de vida.

III • NOSSO PROJETO PEDAGÓGICO

6. A FORMAÇÃO DE PROFESSORES: AUTORIA E COESÃO

DE ACORDO COM o artigo 62 da Lei de Diretrizes e Bases da Educação Nacional (Brasil, 1996),

> a formação de docentes para atuar na educação básica far-se-á em nível superior, em curso de licenciatura, de graduação plena, em universidades e institutos superiores de educação, admitida, como formação mínima para o exercício do magistério na educação infantil e nos 5 (cinco) primeiros anos do ensino fundamental, a oferecida em nível médio na modalidade normal. (Redação dada pela Lei n. 12.796, de 2013)

Assim, em conformidade com a legislação atual, os professores da Jacarandá têm formação superior, preferencialmente em Pedagogia, e, em alguns casos, formação no Magistério (Ensino Médio) com posterior graduação. No entanto, não é difícil constatar que os cursos de Pedagogia, cujo objetivo é formar especialistas em educação de forma bastante generalista, deixam a desejar em relação à especificidade do trabalho com a primeira infância.

O perfil do bom educador infantil é resultado da combinação entre formação acadêmica e características que se desenvolvem com a experiência de vida – capacidade de reflexão, autoconhecimento, desejo de aprender, empatia com as crianças, flexibilidade e tranquilidade diante de imprevistos, tolerância à frustração, disciplina e interesse nas mais diversas temáticas, visto que é o que chamamos de professor polivalente.

A relação do professor com as crianças prevê uma assimetria, pois ele é o adulto que cuida, que ensina, que medeia as interações das crianças e lhes apresenta uma série de novos elementos da cultura. Essa posição exige um olhar atento ao que acontece, uma atenção que "passeia" pela turma e permite interferir nos momentos oportunos para lançar desafios, intermediar conflitos ou apresentar brincadeiras, ao mesmo tempo que demanda reflexão sobre o próprio fazer. No entanto, o jogo, o faz de conta exige entrega e disponibilidade para seguir os alunos e viajar com eles pela imaginação – o que só é possível para quem consegue se divertir junto com as crianças. Assim, um dos principais atributos de um bom professor é saber brincar.

Na Jacarandá, cada turma conta com uma professora, com ensino superior completo, e com uma auxiliar, seja ela recém-formada ou estudante da graduação – de acordo com o número e idade dos alunos, a auxiliar pode ser fixa, volante ou até dispensável. Apesar de a maior parte da equipe ser composta de mulheres, temos ótima experiência com professores e auxiliares homens. No caso do Berçário e do Grupo 1, admitimos duas auxiliares que não tinham formação acadêmica, mas participavam de todas as nossas atividades de formação e, portanto, construíram uma prática bastante afinada com os princípios educacionais da escola.

Consideramos fundamental investir na formação continuada de nossos educadores, buscando coesão no trabalho da equipe e ao mesmo tempo criatividade e autoria no fazer de cada profissional. A busca dessa coesão se dá com base em alguns instrumentos metodológicos e reuniões semanais sistemáticas entre as duplas (professor e auxiliar) e a coordenadora pedagógica. Realiza-se, ainda, uma reunião semanal ou quinzenal com toda a equipe. Tais práticas contribuem para que cada educador reflita sobre seu percurso como profissional e sobre sua prática atual, auxiliando-o a encontrar os melhores meios para complementar a própria formação.

O trabalho do professor não se restringe ao tempo em que está em sala de aula. Os professores podem obter histórias, músicas, técnicas, materiais e imagens artísticas da própria vivência pessoal ou buscar intencionalmente novos recursos. Para ensinar, é necessário que os conteúdos sejam permeados pelo desejo: algo plenamente incorporado no professor, como uma brincadeira de sua infância ou uma história que já conhece de cor, ou algo que lhe desperta a vontade de aprender e conhecer mais. Para planejar as atividades, o educador deve fazer uma boa leitura do grupo e avaliar diariamente seus avanços e retrocessos, focando ao mesmo tempo o processo educativo da turma e de cada aluno em particular.

INSTRUMENTOS METODOLÓGICOS

Esse movimento que se dá entre o dentro e o fora da sala de aula só é possível com o uso de alguns instrumentos metodológicos: a observação, o registro, a avaliação e o planejamento.

A observação acontece o tempo todo. Ao propor uma atividade dirigida ou uma brincadeira livre, a professora colhe as respostas das crianças, a receptividade de cada aluno, o modo como age e interage com os colegas – ora seguindo a proposta conforme o planejado, ora improvisando algum ajuste de maneira que os alunos aproveitem ao máximo a experiência. No entanto, às vezes, mesmo com organização e planejamento prévio, a expectativa do professor se frustra – a turma não adere à proposta, surgem brigas ou conflitos entre as crianças, alguém não compreende o que deve ser feito e assim por diante.

O registro é um segundo instrumento que dá nova dimensão ao que foi observado. Ao escrever sobre os diversos acontecimentos do dia ou da semana, a professora pode recuperar suas observações de maneira mais distanciada da emoção do presente e verificar o acontecido por vários ângulos: propus a roda no momento mais adequado? As crianças estavam muito cansadas? Deveria ter proposto uma atividade corporal antes, para que elas pudessem se concentrar? Seria melhor se o João estivesse sentado mais próximo de mim? A história escolhida era longa demais? Tais interrogações ajudam o educador a aproximar-se de um fazer mais efetivo e satisfatório para todos.

Além do registro sistemático, que avalia e reavalia cada situação em curto prazo, também são redigidos relatórios individuais e de grupo, que permitem ao professor rever o caminho percorrido e identificar conquistas e dificuldades coletivas ou individuais. Tais relatórios também são o ponto de partida para o próximo planejamento, que se dá em vários tempos: semestral, mensal e semanal.

A articulação entre todos esses instrumentos metodológicos ocorre nas reuniões com a coordenação, quando da palavra escrita (elaborada numa situação mais solitária) passa-se à palavra falada, sempre mais carregada de emoção, de nuanças e entonações. A conversa nos permite rever algo que tenha gerado mal-estar, como um aluno com comportamento diferente do ritmo da turma, a frustração oriunda do fato de determinada atividade não transcorrer conforme o esperado ou a falta de conhecimento da professora em relação a um assunto surgido na turma.

AS REUNIÕES

O convívio com um grupo de crianças pequenas oferece ao adulto mais que o prazer da brincadeira e o testemunho da aprendizagem: mobiliza emoções contraditórias, frustração, impotência diante do comportamento desafiador, agressivo ou impertinente de alguns alunos. As reuniões com a coordenação permitem escutar o professor, suas preocupações, ideias, pretensões e até desabafos sobre as vivências em sala de aula, no relacionamento com os pais ou com a auxiliar.

Tais reuniões, que acontecem semanalmente entre a professora, a auxiliar e a coordenadora, são um dispositivo importante para a formação contínua dos educadores. Trata-se de um encontro sem pauta fechada nem previamente definida (embora por vezes um assunto fique pendente de uma semana para a outra). Nessa reunião são abordados assuntos bem diversos: de ideias para uma atividade ou brincadeira, com a explicitação das intenções pedagógicas da professora, ao relato de uma atividade que foi muito frutífera para compreender o comportamento de um aluno, passando pelo que não deu certo, pelos conflitos entre as crianças e pela troca de bilhetes entre pais e professora.

O diálogo entre professores, auxiliares e coordenação promove um vínculo de confiança e acolhimento entre todos os membros da equipe. Isso não elimina conflitos ou divergências de opinião, mas ajuda as pessoas a se expressar com mais segurança mesmo quando não há consenso. A postura de abertura às ideias e opiniões de todos os profissionais gera mais compromisso diante dos alunos e dos pais, que devem ser respeitados e acolhidos da melhor maneira possível.

Conforme escreve Beatriz Souza Lima (2011, p. 168),

Infância, liberdade e acolhimento

o objetivo [desses encontros] é a criação de dispositivos que, além de propiciar escuta e acolhimento, estimulem uma ampla reflexão sobre o trabalho, tendo como ponto de partida o fortalecimento dos relacionamentos interpessoais e da interação de todos os envolvidos com o agenciamento dos cuidados infantis – incluindo os pais e eventuais especialistas. A intenção é estimular o uso da palavra, aumentando as possibilidades de um trabalho cooperativo na busca por soluções e encaminhamentos de situações-problema.

As reuniões pedagógicas que reúnem semanal ou quinzenalmente toda a equipe docente, e esporadicamente outros profissionais (pessoal da secretaria, cozinha, portaria), são planejadas para promover uma boa comunicação entre todos, inclusive entre quem trabalha em turnos diferentes e também entre os professores especialistas (educação corporal, música, inglês).

Com duração de duas horas, os encontros seguem uma pauta previamente planejada e enviada à equipe, na qual se preveem pontos como: informes gerais, síntese do encontro anterior (escrita e lida por um ou dois membros do grupo) e tema atual. Fazemos um aquecimento e, para introduzir o novo assunto, apresentamos frases, poemas, letras de música ou trechos de um texto teórico referente a ele.

Nessas reuniões também são planejadas ações coletivas, como a preparação de eventos – festa de dia das mães, de dia das crianças ou festa junina, por exemplo –, que em geral se organizam a partir de um tema ou eixo[6] comum a todas as turmas. As reuniões pedagógicas de equipe proporcionam ainda um espaço sistemático de formação continuada. A cada semestre enfatizamos determinado tema relevante da educação infantil, discutindo as especificidades de uma área de conhecimento ou um aspecto mais ligado à constituição subjetiva dos alunos, como o brincar, o papel do adulto na brincadeira e a transmissão de valores por meio das atividades propostas pelos professores.

As reuniões pedagógicas de equipe proporcionam ainda um espaço para conversar especificamente sobre uma criança que esteja preocupando

---

6 Falaremos mais sobre os eixos trabalhados no Capítulo 8.

e ocupando demais um ou mais professores – chamamos de reunião de discussão de caso (Rezende, 2013). Tal dispositivo foi criado com base em estudos de caso da psicologia e em experiência prévia com a pedagogia Waldorf, em que se realizam reuniões em torno de um único aluno. A prática de falar sobre determinado aluno em reunião de equipe é um convite a "pensar junto" quando se reconhece que a relação e o trabalho com a criança estão difíceis e ninguém sabe ao certo o que fazer. Esse modelo aberto de discussão visa desconstruir as certezas envolvidas nos impasses ("Ele não aprende mesmo"; "Não adianta, já tentei de tudo com essa mãe"; "Ela precisa de limites") e facilitar que todos se reposicionem diante do aluno, sem prescrições. Os desdobramentos desse tipo de reunião são acompanhados nas reuniões individuais com os professores e nas entrevistas com pais, mas frequentemente atingem outros âmbitos da escola, como novas práticas de sala de aula, atitude de professores, auxiliares e funcionários e medidas administrativas.

Outros dispositivos de formação são a contratação de assessorias e a promoção de cursos e seminários no espaço escolar. A presença de palestrantes externos à escola enriquece o conhecimento de todos e promove o arejamento de ideias fortemente cristalizadas ao longo dos anos. Além de trazer repertório novo, o profissional de fora ajuda a reconhecer e validar o saber dos professores.

Também incentivamos os professores a se inscrever em cursos, seminários e palestras. Aqueles que participam desses eventos se comprometem a repassar aos colegas, ainda que de maneira resumida, os conteúdos abordados, de maneira que todos ganhem com isso. A troca e o compartilhamento de experiências e conhecimento são também um recurso de capacitação dos professores e de fortalecimento do trabalho em equipe.

E A AUTORIA, ONDE ENTRA?

Até agora falamos sobre a coesão entre os profissionais que trabalham na escola e a proposta pedagógica desta. Porém, a busca de coesão não deve ser confundida com homogeneidade ou padronização. Quando nos damos conta de que pretender que todos os professores ajam do mesmo modo é um objetivo robotizante, o foco muda da uniformidade para a autoria.

Assim como não consideramos que as crianças aprendam por mera assimilação de conteúdos que devam ser transmitidos, não podemos esperar "colocar na cabeça" dos professores aquilo em que acreditamos. A própria experiência em sala de aula mostra que os educandos não são máquinas programáveis, tampouco páginas em branco, mas sujeitos pensantes que, de modo saudável, não se submetem por completo aos ideais educativos de outrem. A utilização de recursos coercitivos ou punitivos para exigir que toda a equipe proceda do mesmo modo pode manter temporariamente a ilusão do controle e da eficiência, mas em pouco tempo tal ilusão se desfaz.

Dessa forma, acreditamos que cada educador tem uma maneira própria de pensar e um jeito peculiar de lidar com crianças. Essa diversidade deve ser aceita em favor do crescimento pessoal e profissional, de modo que a coordenação precisa estar aberta ao que a equipe tem a dizer. Tal procedimento fundamenta-se na concepção construtivista de aprendizagem que embasa a proposta pedagógica da escola: ao contrapor diferentes pontos de vista, o aprendente tem suas convicções desequilibradas e buscará construir uma nova concepção, mais evoluída em termos lógicos e sociais. A simples exposição a um conceito ou ideia não desfaz as ideias preconcebidas: o professor pode, por exemplo, repetir o que a escola defende, mas agir segundo suas convicções. Para fazer algumas dessas convicções balançarem, ruírem, a fim de dar lugar a novos pensamentos e atitudes, faz-se necessário um ambiente de troca genuína de ideias e experiências, sem receio de se expor e errar, com espaço para a dúvida, para o não saber.

Os espaços de formação continuada na escola, portanto, precisam ser marcados pela confiança e não pela cobrança. É frustrante para a coordenação, por exemplo, planejar uma reunião sobre trabalho corporal e perceber que nem todos sentem prazer em participar, ou têm um corpo dolorido/desajeitado; propor a imersão em determinado tema, para suscitar a pesquisa, e perceber que alguns usarão exatamente o mesmo material com os alunos, sem seleção ou elaboração própria; escolher um texto para estudo e não surgirem dúvidas ou comentários na hora da discussão. Como coordenadores da formação continuada, é preciso rever nossas expectativas. Talvez a frustração indique necessidade de reavaliar nossas estratégias, mas muitas vezes esses desencontros são apenas parte do processo de aprendizagem coletiva – posteriormente, poderemos retomar a experiência, problematizando-a e enriquecendo-a.

Não há culpados nem responsabilidades unilaterais: a aprendizagem se dá nesse campo intermediário entre eu e tu, entre singular e social, entre conhecido e desconhecido. Para trabalhar com educação, é preciso aceitar a incerteza de se lançar nessa zona nebulosa, seja com os alunos, seja com a equipe de educadores. Não se trata de lançá-los ao mar, permanecendo no lugar seguro de autoridade, mas de ir com eles, provendo recursos para que tenham um porto seguro. Aceitar que alguns docentes revelem seus não saberes é passo fundamental para a construção do conhecimento compartilhado. Despertar o desejo de aprender nos professores é tão importante quanto fazê-lo nos alunos.

7. O PLANEJAMENTO E A AVALIAÇÃO

O PLANEJAMENTO NA educação infantil passa por uma série de decisões pautadas em conhecimentos do professor relativos a cada faixa etária e ao repertório cultural dos alunos, bem como na observação destes, na identificação de seus conhecimentos prévios e de seus interesses. Tais decisões do professor envolvem desde a gestão do tempo e do espaço à seleção do que é relevante ser ensinado.

Há certo consenso de que na escola de educação infantil as crianças brincam, cantam, desenham, pintam, tomam lanche, mas a maneira como cada uma dessas atividades é conduzida pelo professor – quanto tempo é destinado a elas, até que ponto a criança tem liberdade para se sujar, para explorar cada material, para se alimentar e até para descansar – faz toda diferença no processo de aprendizagem.

A rotina precisa se organizar a favor daquele grupo de crianças reais, e não de uma turma hipotética. Uma rotina que alterne momentos de expansão e movimento com outros de mais tranquilidade e calmaria é muito importante para oferecer às crianças certa regularidade (um dia parecido com o outro) e ritmo, com flexibilidade para ampliar o tempo destinado a uma brincadeira que está sendo muito divertida e produtiva ou para reduzi-la porque as crianças já deram sinal de cansaço.

Independentemente da idade e do número de alunos, todas as turmas têm alguns elementos da rotina que são permanentes, estando presentes no trabalho ao longo de todo o ano. Trata-se de atividades como roda de música, roda de história, desenho livre, hora do lanche, higiene, brincadeira livre em sala e no pátio. Elas podem sofrer algumas variações, mas, uma vez permanentes, permitem que as crianças se familiarizem e se apropriem de hábitos e procedimentos que as tornam mais autônomas em relação à percepção da passagem do tempo, ao cuidado consigo mesmas e com o ambiente, à utilização de instrumentos e materiais e ao posicionamento diante de outros adultos e crianças da escola.

No início do ano, cada professora, diante de sua nova turma, precisa estabelecer alguns parâmetros gerais de organização, justamente o que denominamos planejamento das atividades permanentes. Os horários de entrada e saída, de lanche e de utilização de espaços coletivos são dados pela coordenação, pois fazem parte da organização de toda a escola e envolvem o trabalho de outros funcionários. No quadro a seguir, temos a rotina hipotética do Grupo 2 da manhã, que indica somente alguns recortes de tempo e a utilização dos espaços:

	Segunda	Terça	Quarta	Quinta	Sexta
	7h30-8h entrada coletiva					
8h-9h	sala	sala	pátio de baixo	sala	pátio da frente com G3
9h-9h30	lanche	lanche	lanche	lanche	lanche no pátio
9h30-10h30	pátio de cima com G1	pátio	galpão	pátio de cima com G1	sala
10h30-11h30	sala	salão	sala	sala	sala
11h30-12h	sala	sala	sala	sala	sala
	12h-12h30 saída/almoço				

Não há na rotina previsão de um momento coletivo para o sono, exceto após o almoço para os alunos de período integral, mas é frequente que parte das crianças de G1 e G2 tire uma soneca diurna na escola. Os horários de sono são informados pelos pais na entrevista de matrícula e os professores ficam atentos às necessidades dos pequenos. Arruma-se um colchonete com a roupa de cama da criança, que pode dormir num cantinho da sala enquanto os colegas brincam por perto, ou dormir em outra sala, sempre com a presença de um adulto, professor ou auxiliar.

Portanto, as atividades permanentes que compõem a rotina de cada grupo são planejadas *a priori* com base no quadro de horário semanal.

Infância, liberdade e acolhimento

Após as primeiras semanas de aula, depois que professores e alunos se conhecem melhor, é comum que sejam feitos alguns ajustes. A rotina de um grupo pode sofrer alterações em função de diversos motivos, em diferentes momentos do ano: mudança de horário de sono de grande parte dos alunos, entrada de alunos novos, projeto em comum com outra turma, horários de sol e chuva devido à mudança de estação etc. Assim, embora não seja imutável, a rotina mantém seu caráter de previsibilidade, ritmo e constância – características fundamentais para que todos estejam confortáveis e possam criar e brincar.

Vejamos a seguir aquela mesma rotina hipotética do Grupo 2 da manhã, com a demonstração do que poderia ser planejado por uma professora:

	Segunda	Terça	Quarta	Quinta	Sexta
8h-9h	brincadeira livre roda de conversa	cantinhos temáticos roda de história	pátio de baixo	cantinhos de jogos roda de história	pátio da frente com G3
9h-9h30	lanche	lanche	lanche	lanche	lanche no pátio
9h30-10h30	pátio de cima com G1	pátio	galpão: artes e pintura	pátio de cima com G1	brincadeira cantada massinha
10h30-11h30	roda de história desenho	salão: música e dança	brincadeira livre roda de história	brincadeira livre	brincadeira livre roda de história
11h30-12h	brincadeira livre	brincadeira livre			

Estabelecida uma rotina básica de atividades permanentes, os professores planejam ainda os detalhes de sua rotina: que músicas vão cantar e tocar, que livros vão apresentar, qual será sua proposta de artes, o jogo para sondagem dos conhecimentos lógico-matemáticos, como vão encaminhar a hora do lanche etc.

No planejamento das brincadeiras e atividades permanentes, a seleção dos conteúdos a ser apresentados às crianças também merece ampla reflexão, como veremos no próximo capítulo.

Outro elemento importante de planejamento é o ambiente. Os professores precisam pensar na disposição do mobiliário e na seleção de materiais e brinquedos que desejam disponibilizar aos alunos, organizando a sala de aula de acordo com sua intenção pedagógica e em conjunto com outros professores que compartilharão o mesmo espaço.

A ORGANIZAÇÃO DAS SALAS DE AULA: O QUE PROMOVE O BRINCAR?

Além do planejamento adequado da rotina diária e de atividades lúdicas que ampliem o repertório das crianças, um fator fundamental na organização dos grupos é o ambiente das salas. A organização física da sala de aula pode potencializar significativamente a brincadeira e contribuir para a interação das crianças e o bem-estar do grupo.

Considerando que um dos principais objetivos da educação infantil é que as crianças aprendam a brincar e a interagir com os colegas e os adultos, ampliando assim suas possibilidades de comunicação, de resolução de conflitos e de construção de representações de mundo, a organização do espaço físico da escola deve oferecer acesso a uma diversidade de objetos e brinquedos, convidando as crianças à ação e alimentando sua curiosidade e fantasia. Os materiais ofertados precisam incluir os manufaturados e os industrializados, fabricados com diferentes matérias-primas (madeira, tecido, plástico, palha, corda, metal, papel), de maneira que as crianças tenham contato com uma amostra da produção material de sua cultura e com elementos possuidores de diferentes características físicas (texturas, pesos, temperaturas, sons etc.). É fundamental que as crianças possam brincar tanto com brinquedos (carrinhos, bonecas, bolas) como com objetos que ganham estatuto de brinquedo só na hora da brincadeira: a bacia vira banheira de boneca, o cesto transforma-se em chapéu de caçador e o pedaço de tecido é usado para o esconde-esconde.

A quantidade ofertada deve permitir que todos os componentes de um grupo encontrem materiais e objetos livres para brincar, mas sem configurar um excesso que dificulte o manejo e o cuidado nem convide a uma exploração mais superficial que criativa. Como a ideia é que haja troca e negociação entre as crianças, há diversas bonecas, carrinhos, bolas, bacias ou tecidos, mas uns diferentes dos outros.

É interessante, porém, que entre essa diversidade haja alguns conjuntos ou pares, o que permite que a criança encontre, durante o brincar, objetos que são iguais (dez pratinhos plásticos azuis, seis peixinhos de feltro), objetos de cores diversas (quatro carrinhos de mesmo modelo, somente com cores diferentes; lenços de pano com mesma estampa e diferentes combinações de cor) e objetos seriáveis (potinhos de mantimentos, cestos de mesmo formato, mas com tamanhos diferentes).

Peças de encaixe e blocos de construção são também essenciais à brincadeira das crianças até 6 anos, pois permitem jogos simbólicos, de exploração sensorial e de exercício motor, além de se prestar a atividades de raciocínio lógico-matemático.

Devido ao modo de explorar os objetos nesses primeiros anos de vida, é preciso pensar na segurança e na higiene dos materiais – o que não puder ser lavado ou desinfetado com álcool periodicamente terá de ser higienizado de outra forma ou trocado após certo tempo de uso. Cestos de palha, vime ou sisal devem permanecer secos ou ficar ao sol para evitar fungos ou pragas – se começarem a soltar pedaços ou ficar manchados, deverão ser eliminados.

Alguns brinquedos, porém, mesmo ligeiramente danificados pelo uso, podem permanecer em sala, tanto por serem queridos pelas crianças quanto por apresentarem as marcas do tempo. Uma boneca de pano com remendos, um bloco de madeira desbotado, um leão sem rabo ou mesmo um livro com páginas amassadas são testemunhas do que acontece com aquilo que usamos, do que pode acontecer se não tomarmos cuidado e também de que é possível, por vezes, consertar o que foi quebrado. O que precisar ser descartado deve ser mostrado e explicado às crianças. Não pretendemos oferecer uma sala de aula totalmente asséptica, com tudo permanentemente novo, sem história.

As salas de aula são organizadas de forma que haja de um lado mesinhas e cadeirinhas, usadas para o lanche e algumas atividades como jogos, culinária e produções gráficas e plásticas, e, de outro, espaço e cantinhos de brincadeira. As mesas e cadeiras podem mudar de lugar e posição, participando dos momentos de brincadeira, por iniciativa das crianças ou dos professores. No lado dos cantinhos, os brinquedos e materiais podem estar dispostos em prateleiras, estantes baixas, pendurados ou em cestos ou tapetes no chão, acessíveis aos pequenos. Os jogos que requerem regras ou demandam cuidados específicos devem ser guardados fora do alcance dos alunos, pois só serão utilizados com a presença e a participação dos professores, em momentos previamente planejados.

A arrumação dos cantinhos de brinquedos precisa ser lúdica, permeada pela fantasia e pelo afeto, ao contrário de organizações puramente classificatórias. Como exemplo: todos os carrinhos, caminhões e meios de transporte vão ficar juntos, mas organizados numa caixa que faça a função de garagem ou estacionamento; as bonecas ficarão em camas ou bercinhos, ou sentadas em almofadas; as embalagens vazias (sucatas limpas e secas) estarão numa sacolinha de mercado. Os brinquedos têm de "convidar" as crianças a brincar, inspirar atenção, curiosidade e cuidado.

OS PROJETOS

Com as aulas em curso, o planejamento é continuamente avaliado e atualizado com novos conteúdos e propostas, vindos dos professores e das crianças.

Em algum momento do início do semestre, é esperado que as turmas a partir do Grupo 3 estabeleçam um projeto, que será incorporado à rotina pelo tempo que for necessário. Como essa terminologia é muito usada por diferentes autores e escolas, vamos explicitar o que entendemos por "projeto".

Projeto é um conjunto de atividades articuladas entre si que visam construir um conhecimento comum a todo o grupo, produzindo um objeto de qualquer natureza: um livro de receitas, um aquaterrário, uma dramatização ou a resposta, registrada em cartaz, para a questão inicial. Com base no interesse das crianças ou de acordo com a faixa etária, a professora elege com os alunos um problema que tenha surgido ou um tema recorrente, considerando também a relevância social, a ligação com o momento atual, as necessidades do grupo e a possibilidade de ampliação do repertório das crianças.

O projeto pode contemplar uma ou mais áreas de conhecimento. É possível trabalhar com técnicas plásticas, fenômenos da natureza, fatos históricos, textos literários. O importante é que se faça, para as crianças, um recorte significativo da realidade a ser estudada, que sejam levantadas questões pertinentes para ser respondidas durante a condução do projeto.

O planejamento do projeto, como o de qualquer outra atividade escolar, deve estabelecer objetivos, ou seja, capacidades a ser desenvolvidas; conteúdos que abrangem fatos, conceitos, procedimentos e atitudes a ser aprendidos; e estratégias. O planejamento foca o que o professor deverá fazer e como vai se organizar, pois não é possível planejar o que as crianças vão fazer a partir das situações propostas. Se considerarmos a participação dos alunos, os professores precisam se manter abertos para acompanhá-las e planejar com elas as etapas do projeto, uma a uma – um planejamento solitário e fechado desconsidera as crianças como sujeitos ativos.

Apesar de realizados com a participação dos alunos e de terem certa dose de imprevisibilidade, os projetos devem ter começo, meio e fim. O primeiro passo é levantar os conhecimentos que as crianças já têm a respeito do que vão fazer. Uma vez socializados, podem-se buscar informações e materiais, pesquisando várias fontes (livros, vídeos, entrevistas, internet, visitas a parques, museus, bibliotecas). As descobertas do grupo devem ser registradas para sistematizar os conhecimentos construídos coletivamente. Esses registros podem ser feitos por meio de escrita, desenho, fotografia, colagens, filmagens, coleção de objetos etc. O final do projeto, quando os objetivos estabelecidos já foram atingidos e o produto final foi concretizado, por vezes resulta em novas ações.

A duração do projeto varia de acordo com o assunto tratado, a faixa etária do grupo e o grau de interesse das crianças. Ao longo dele, porém, podem ser incluídos ou excluídos conteúdos, adequando-os ao grupo.

A regularidade com que se realizam atividades voltadas ao projeto também pode variar de acordo com a faixa etária e com o assunto trabalhado. Geralmente as crianças menores precisam de uma frequência maior de atividades ao longo da semana, mas em geral a roda de conversa é um excelente momento para compartilhar novas informações, combinar atividades, dividir descobertas e aprender sobre o tema estudado.

A AVALIAÇÃO

"Avaliação" é um termo muito comum no ensino, mas quando se trata de bebês e crianças pequenas causa certo estranhamento. Portanto, a primeira questão é: para que avaliamos uma criança pequena na escola?

Certamente, a avaliação na educação infantil não tem os mesmos objetivos que no ensino fundamental e médio, não devendo seguir os mesmos procedimentos ou imitar seu caráter formal e mensurativo. Até os 3 anos, as crianças têm direito de frequentar creches ou escolas infantis, consideradas instituições educativas – e não mais assistenciais – desde a promulgação da Lei de Diretrizes e Bases de 1996. Porém, tal frequência não é obrigatória. Desde 2009, o ensino básico obrigatório abarca crianças de 4 a 17 anos. A pré-escola, para crianças de 4 e 5 anos, embora se aproxime do funcionamento escolar formal, ainda faz parte da educação infantil, na qual a promoção de um ano a outro se dá por idade, sem retenção. Do mesmo modo, para ingressar no primeiro ano do Ensino Fundamental, basta ter 6 anos completos – não há outros pré-requisitos.

A avaliação é um instrumento essencial de todo processo educativo para fundamentar o planejamento de atividades, espaços, materiais e rotinas; porém, na educação infantil ela precisa ser contínua e processual, não classificatória, já que os alunos são ainda criaturas em seus primeiros tempos de subjetivação.

As orientações que recebemos do MEC e da rede municipal de São Paulo são muito pertinentes:

O Conselho Municipal de Educação e a Secretaria Municipal de Educação preconizam, desde 2013 (Lei n. 12.796/13)
– a avaliação mediante acompanhamento e registro do desenvolvimento das crianças, sem o objetivo de promoção, mesmo para acesso ao ensino fundamen-

tal. Este ponto põe em consonância o artigo 31 da LDB e a Resolução CNE/CEB n. 05/09, anterior à nova Lei que estabelece as Diretrizes Curriculares Nacionais para a Educação Infantil. A referida Resolução dispõe que:

Art. 10 – As instituições de educação infantil devem criar procedimentos para acompanhamento do trabalho pedagógico e para avaliação do desenvolvimento das crianças, sem objetivo de seleção, promoção ou classificação, garantindo:

I – a observação crítica e criativa das atividades, das brincadeiras e interações das crianças no cotidiano;

II – a utilização de múltiplos registros realizados por adultos e crianças (relatórios, fotografias, desenhos, álbuns etc.);

III – a continuidade dos processos de aprendizagem por meio da criação de estratégias adequadas aos diferentes momentos de transição vividos pela criança (transição casa/instituição de educação infantil, transições no interior da instituição, transição creche/pré-escola e transição pré-escola/ensino fundamental);

IV – documentação específica que permita às famílias conhecer o trabalho da instituição junto às crianças e os processos de desenvolvimento e aprendizagem da criança na educação infantil;

V – a não retenção das crianças na educação infantil.

As afirmações expostas nas DCNEI apontam para dois aspectos que deverão ser considerados na avaliação na educação infantil: o da instituição e o desenvolvimento e aprendizagem das crianças. Construir processos avaliativos contextualizados e que efetivamente funcionem como ferramenta de aprimoramento do trabalho na educação infantil requer a interação desses dois aspectos da avaliação. Isto permitirá que a unidade educacional se avalie e que os docentes revejam sua prática.

Podemos fazer uma avaliação mais minuciosa se atentamos para a saúde psíquica das crianças, considerando ainda que seus primeiros anos de vida são de suma importância na sua constituição subjetiva e que a escola tem papel estratégico na detecção precoce de sinais de risco e também na intervenção para a promoção de saúde.

Na experiência da Jacarandá, a regra para a avaliação é não usar tabelas nem protocolos que busquem mensurar dados, mas se manter no campo da subjetividade e do um a um. O que uma criança produz só o faz em relação a um adulto que ali está. Com uma professora, determinada criança pode ter um comportamento inquieto durante a história e, com outra, permanecer mais calma e atenta. Sob o olhar de determinado educador, a criança pode ou não fazer coisas que já faz em casa. Portanto, não é possível considerar absoluta uma avaliação realizada em um ou dois encontros e somente com base em comportamentos presentes ou ausentes.

O vínculo estabelecido entre a criança e os educadores que por ela se responsabilizam é indispensável a qualquer avaliação. Além disso, os fatores de bem-estar físico também são importantes para que, em determinado momento, a criança apresente ou não suas melhores competências.

A avaliação das crianças em ambiente escolar é riquíssima e complexa, abrangendo diversos aspectos:

TEMPO
- Imediata: com um olhar, na primeira visita, ou no primeiro dia de aula, já se obtêm algumas informações; a primeira impressão não é a que fica, mas não deve ser desconsiderada.
- Processual: ao longo do tempo, podemos comparar as impressões que temos sobre a criança e compor uma linha que aponte certas direções; uma ou duas observações é pouco para conhecer o aluno.
- Diária: baseada no seguimento da rotina.
- Pontual: observações planejadas após conversar com a professora, que traz alguma questão, ou antes de conversar com os pais.

ATORES
- A criança.
- Os pais.
- A professora de sala.
- A equipe: auxiliar de classe, coordenadora pedagógica, professores especialistas.
- Os profissionais clínicos.
- Os funcionários da escola.
- Os cuidadores da criança: avós, tios, empregados domésticos.

INSTRUMENTOS
- Observação, conversa e interação com a criança (planejadas e espontâneas).
- Reuniões e entrevistas.
- Fotos e filmagens.
- Registros de observação.
- Relatório escrito trimestral ou semestral.

A avaliação das crianças pequenas precisa ser global, ampla. Na escola, observamos tudo que está ao nosso alcance:

- Brincadeira espontânea: como interage com o mundo, os objetos, o que a interessa, o que a atrai, como manipula/explora o ambiente (jogos sensório-motores, simbólicos).
- Iniciativa própria *versus* dependência do outro.
- Interação com a professora, com os demais adultos, com crianças da turma e com outras de idades diferentes – contato visual, expressões, convocações.
- Reação e atitude diante das atividades propostas.
- Participação em jogos ou em atividades grupais, modo de lidar com regras.
- Motricidade.
- Linguagem.
- Raciocínio lógico, noção temporal, noção de objeto.
- Alimentação.
- Atitudes com o próprio corpo: higiene, segurança, cuidados, sensibilidade.

Quando uma professora diz: "Fulano ainda não engatinha, já tem idade, está atrasado, estou preocupada", devemos ampliar a questão ou perguntar: "Por que você está preocupada?" Talvez surjam fantasias da professora ou novas observações. Afora o fato de não engatinhar, como ele está em termos motores? O que já faz? Ou, além de não engatinhar, há mais coisas que você acha que ele deveria fazer e ainda não faz? Ele come bem? Dorme bem? Brinca? Sorri? Tem interesse pelos objetos? A mãe comenta alguma coisa? Quando a professora começa a falar do Fulano, outros aspectos surgem – é muito diferente pensar num bebê que está ótimo mas, apesar da idade, ainda não engatinha, do que num bebê que não engatinha e tem carinha de triste, fica doente a todo momento, não rola nem rasteja. Fatores isolados não trazem informações significativas para que os professores façam seu replanejamento ou para que se encontrem estratégias de ajuda à criança. Cada dado apresentado precisa ser contextualizado, esmiuçado, analisado, ampliado.

É primordial avaliar o que está sendo oferecido ao bebê, no que se refere ao ambiente físico e à relação com o adulto – como a professora lida com isso? Quando vê que ele não engatinha, o que faz? De que tipo de brincadeira ele mais gosta? Seria possível modificar um pouco o tipo de proposta? Geralmente, isso dá resultados: na semana seguinte, ela nos conta: "Acredita que Fulano começou a engatinhar?"

No entanto, é fundamental levar a sério o que os professores, as mães e os pais dizem, mesmo que aparentemente não exista nenhum sinal objetivo para sua preocupação. Quem está diretamente envolvido com a criança pode, de um lado, perceber alguma mudança logo no início e, de outro, sinalizar uma questão na relação com ela que, se não for cuidada a tempo, poderá resultar em dificuldades futuras.

Por vezes, um problema que afeta a criança e a família pode ser colocado em pauta pela equipe pedagógica a fim de tentar encontrar uma solução para o caso. Por exemplo: o bebê que dorme apenas meia hora por dia e cujos pais relatam imensas dificuldades na hora de dormir talvez necessite de pequenas mudanças de rotina tanto em casa quanto na escola, ou até ser encaminhado para a avaliação de um profissional. Em alguns casos, umas poucas sessões lúdicas com o bebê e uma terapeuta amenizam o problema; ou a própria oportunidade de sentar e conversar a respeito produz melhoras consideráveis.

Existe, assim, um processo de avaliação que se dá no desenrolar do tempo:

- A observação e a reflexão dos professores na prática.
- O que estes levam à reunião de orientação.
- O diálogo construído nessa reunião.
- O que a equipe reobserva e experimenta após a reunião.
- O retorno dado aos pais.
- A síntese feita na hora de escrever o relatório – a escrita gera outras reflexões e percepções.

O documento de avaliação é composto por um relatório escrito. Como prescreve a Secretaria Municipal de Educação de São Paulo, trata-se de um texto descritivo e avaliativo, mas que não se pauta em conceitos nem em promoção/retenção. Nosso padrão é apresentar uma descrição geral da criança, ressaltando o que a singulariza na relação com seu professor, um relato sobre o período de adaptação e sobre suas principais conquistas, considerando como brinca e se expressa, interage com outros adultos e crianças, relaciona-se com as propostas de atividade e como está na rotina (lanche, trocas, sono, entrada/saída).

O que oralmente flui sem problemas nas reuniões de supervisão pode encontrar entraves ao ser transformado em linguagem escrita. No caso de professores, se a atenção é direcionada às regras da língua portuguesa e à correção de redação, sobra pouco tempo para encontrar formas textuais de dizer o que se percebe do aluno, o que se sente e o que se busca no trabalho com ele. O desafio é deixar primeiramente emergir no texto a complexidade da relação professor-aluno, com suas contradições, para então transformá-lo num texto singular e responsável em sua missão de comunicar aos pais o percurso da criança na escola. Falhas, incoerências, repetições e impasses que aparecem num texto ruim podem ser sinais da censura inconsciente transgredida e se tornar material para a reconstrução de um relatório mais vivo.

Se a criança não atingiu o que se esperava para o período – por exemplo, não imita nem realiza gestos cotidianos –, cabe à escola pensar em estratégias para que ela avance. Uma das decisões a tomar é justamente como comunicar aos pais o que foi observado. Afinal, não se pode elaborar um relatório escrito em que conste, por exemplo, de modo puramente descritivo: seu filho não fala. Inclusive, tal fato isolado não necessariamente é um problema se considerarmos a avaliação global e ampla da criança.

É importante ressaltar que precisamos resistir à idealização da criança "normal", que seria perfeita e ainda seguidora das normas e crenças de cada um. A "normalidade" ou saúde da criança está justamente em encontrar um jeito próprio de ser, estar e fazer, ou seja, em frustrar a demanda pedagógica e vir a se constituir como sujeito – não como organismo natural, em que tudo já está programado biologicamente, dado e sabido, tampouco como um instrumento de realização de desejo dos pais.

Durante os primeiros anos de vida, todas as crianças apresentam necessidades especiais em algum momento e transtornos que, mesmo passageiros – como as mordidas, a retirada de fraldas, os brinquedos que as acompanham a todo lugar, os medos etc. –, são carregados de angústia e dificultam a convivência em grupo e a rotina escolar. Esses acontecimentos representam aspectos significativos da constituição subjetiva de cada criança. Porém, se há algo que incomoda, perturba, angustia, salta aos olhos, se repete e não se modifica, estamos diante de um problema.

Se for esse o caso, faz-se necessário um manejo cuidadoso, que será discutido na Parte V, "As crianças 'difíceis'". Nas reuniões de coordenação e de equipe, procuramos evitar que o professor rotule a criança e "congele" a avaliação nesse ponto, para que todos sigam pensando, abertos a novas percepções. Os pais são incluídos nesse processo e, conforme o caso, faz-se um encaminhamento para uma avaliação clínica. A escola não é onipotente nem está sozinha.

Em suma, pôr a palavra para circular é um poderoso recurso em todos os momentos do processo de avaliação. Melhor do que as imagens, que cristalizam posições e ilusoriamente revelam "tudo", as palavras geram novos sentidos e espaços, que ajudam a pôr em movimento todos nós.

8. A ORGANIZAÇÃO DO CURRÍCULO E OS EIXOS PEDAGÓGICOS

Desde que nasce, numa relação de extrema dependência do outro, a criança aprende a se alimentar, a se comunicar, a conhecer a si e ao mundo, num processo em que desenvolvimento e aprendizagem estão em contínua interação. Tudo que ela aprende passa por transformações ao longo do tempo e vai incorporando novos significados.

Entendemos que, para as crianças, tudo é brincadeira – e esse é o tipo de atitude que queremos delas: dedicação, entrega à experiência com seriedade e com alegria. Porém, quando os professores planejam uma brincadeira em grupo ou selecionam uma imagem para a parede da sala, um brinquedo, uma história, trazem com isso elementos de sua cultura, de sua prática diária, de seu repertório – esse processo deve ser consciente e gerar reflexões, a fim de direcionar suas ações aos objetivos compartilhados com os pais. Afinal, tudo que é ensinado e vivido na escola faz parte do currículo.

A divisão por áreas de conhecimento na educação infantil serve para a reflexão, o planejamento e a pesquisa de materiais e atividades. Não é por serem ainda tão novas e pelo fato de o objetivo principal ser o brincar que "qualquer coisa serve". Não é por se tratar da educação infantil que os educadores não precisam dominar aquilo que vão ensinar (conhecer, por exemplo, o autor da imagem que imprimiram para expor na classe ou saber a diferença entre insetos e aracnídeos).

A organização curricular em campos de experiência proposta pela Base Nacional Comum Curricular (BNCC) (Brasil, 2017) avança no sentido de evitar uma compartimentalização do conhecimento, porém também pode desconectar os conteúdos da educação infantil das áreas de conhecimento a que pertencem, que já compõem um repertório historicamente construído. Valorizar a educação infantil como um tempo de experiência, em que as crianças estão aprendendo coisas variadas sobre o mundo – traços, sons, cores, por exemplo, é mais próximo do brincar, modo característico de a criança apreender o mundo. No entanto, pode-se tornar uma armadilha se as experiências estiverem desligadas do conhecimento cientificamente construído, como se as quantidades não fizessem parte do universo da matemática, ou as cores, ao campo das artes e também das ciências naturais.

> **A BNCC**
>
> A Base Nacional Comum Curricular é um documento elaborado pelo MEC, em parceria com o Conselho Nacional de Secretários de Educação (Consed) e a União Nacional dos Dirigentes Municipais de Educação (Undime), construído de forma colaborativa desde 2015 e homologado em 20 de dezembro de 2017. A BNCC define as aprendizagens essenciais que devem ser desenvolvidas ao longo da escolaridade básica, fornecendo uma referência nacional à formulação dos currículos dos sistemas estaduais e municipais de ensino, bem como das propostas pedagógicas das instituições escolares. Pautada em princípios que visam a uma sociedade justa, democrática e inclusiva, estabelece dez competências gerais, que envolvem conhecimentos, habilidades, atitudes e valores, nos termos das Leis n. 9.394/1996, 13.005/2014 e 13.415/2017.
>
> Para a educação infantil, primeira etapa da educação básica, seis direitos de aprendizagem e desenvolvimento devem guiar as decisões curriculares: conviver, brincar, participar, explorar, expressar e conhecer-se. Consideramos de suma importância que tais direitos sejam oficializados, pois, se o texto normativo não é capaz de garanti-los, pode ensejar um movimento de mudança de olhar para a escola infantil.
>
> O currículo é dividido nos cinco campos de experiência a seguir:
>
> 1. O eu, o outro e o nós.
> 2. Corpo, gestos e movimentos.
> 3. Traços, sons, cores e formas.
> 4. Escuta, fala, pensamento e imaginação.
> 5. Espaços, tempos, quantidades, relações e transformações.
>
> Cada campo de experiência indica objetivos específicos referentes a três faixas etárias: bebês (até 1 ano e meio), crianças bem pequenas (1 ano e meio a 3 anos) e crianças pequenas (4 e 5 anos).

Infância, liberdade e acolhimento

Assim, para despertar e ampliar a reflexão dos professores, procuramos aprofundar as discussões sobre cada área, explicitando as disciplinas que a compõem, que imagens são a ela associadas, que relações estabelece com a primeira infância.

A cada semestre, elegemos um eixo – Língua, literatura e música; Artes visuais; Ciências humanas; Ciências naturais; Matemática; Corpo e movimento – e construímos coletivamente nossa fundamentação e referência curricular. É preciso atentar para o risco de aplicar de forma equivocada os conhecimentos referentes a cada área, compartimentando os conteúdos e aproximando as atividades da educação infantil às do ensino fundamental, o que é objeto de discussão com cada professor, nas reuniões de supervisão e de planejamento. Apesar desse risco, o ato de se debruçar em cada área permanece válido e enriquecedor: às vezes, tomar certa distância da sala de aula e relembrar experiências próprias de ensino permite uma aproximação prazerosa dos diversos conteúdos e áreas, bem como questionar concepções errôneas ou que não coincidem com a orientação da escola.

Tal organização em eixos ou áreas de conhecimento precisa estar situada na estrutura curricular da escola, que está referendada pelos documentos oficiais, mas foi construída coletivamente ao longo dos anos de experiência prática. Na tabela a seguir estão organizadas as áreas de conhecimento enfatizadas por semestre a cada três anos, já que todas elas devem ser trabalhadas de forma equilibrada, mesmo levando-se em conta que, a depender do tema escolhido, mais de uma área é investigada de forma interdisciplinar. Adotando-se a brincadeira como estratégia privilegiada na educação infantil, a interdisciplinaridade é garantida.

1º semestre	2º semestre
Matemática	Ciências humanas
Corpo e movimento	Ciências naturais
Língua/música/literatura	Artes visuais

O tema Cidadania e valores permeia todos os eixos, não sendo aqui considerado área de conhecimento a ser explorada com atividades pedagógicas específicas, a não ser em raras exceções. Como será explicado no capítulo seguinte, os valores estão presentes em todos os momentos (interação social, realização de jogos, lanche, hora de contar uma história ou ouvir música etc.), cabendo mais aos professores pensar sobre o que estão transmitindo e como estão promovendo o desenvolvimento moral do que realizar discussões intelectualizadas com alunos tão novos.

As atividades propostas aos alunos são basicamente as seguintes: brincadeira livre e jogos; música e artes; rodas de história e conversa. Na maioria das vezes, elas são multidisciplinares, relacionando-se a várias áreas ao mesmo tempo. Não pretendemos fragmentar a rotina das crianças para além do quadro básico de tempos e espaços, com atividades pulverizadas de meia em meia hora – como muitas vezes é sugerido em função da "pouca concentração" das crianças –, mas sugerir com seriedade e consciência atividades que, apesar de simples, sejam ricas em conteúdo e inspirem o brincar. Quando a criança encontra sentido em uma brincadeira própria ou atividade dirigida, é capaz de permanecer concentrada por longo tempo.

O que muda, fundamentalmente, é a intenção e o olhar do professor: como ele lida com as manifestações infantis e como problematiza as diversas situações. Diante de uma brincadeira ou um comentário infantil o professor lançará um "gancho" e, a cada vez, fará um alinhavo com determinada área.

> A instituição sociointeracionista será concebida como um ambiente desafiador. Ela valorizará as interações não só entre as próprias crianças como também entre adulto-criança [...] [o] adulto é aqui visto como [...] mediador da cultura, sem o qual a criança teria reduzidas suas possibilidades de acesso a esta própria cultura e portanto de desenvolvimento enquanto sujeito e cidadão. A sistematização dos conteúdos trabalhados torna-se uma necessidade permanente [...] condição que pode garantir sua apropriação, senão por todas, ao menos pela maioria das crianças. (Machado, 1993)

A sistematização aqui é entendida como uma costura que organiza os conteúdos presentes na atividade. Por exemplo, tudo pode partir de uma cantiga infantil: o professor "alinhava" a letra da canção ("O sapo não lava o pé") com uma pergunta feita por um aluno ("O sapo não toma banho?"), o que leva outras crianças a relacionar o que foi dito com suas experiências ("Eu lavo o pé e a mão", "Eu não moro na lagoa, moro no prédio", "Eu lavo o pé no chuveiro"). Assim, partindo de outra informação relacionada à primeira (uma explicação, uma imagem, uma história ou até outra canção), o educador articula novas questões e promove uma sequência de atividades que permita às crianças rever suas ideias/ações/atitudes e ampliar seus conhecimentos. Uma atividade isolada acaba se esvaziando se não se criam relações com aqueles conteúdos. Estes precisam ser organizados num sistema, como se fossem costurados numa colcha – cujo formato (atividade permanente, sequência de atividades ou projeto) será definido pelo professor de acordo com a faixa etária, os conteúdos em questão e os objetivos que se pretende atingir.

Exemplificando: em vez de propor, num mesmo dia, uma atividade de linguagem (contar uma história), uma de artes (fazer uma colagem), uma de matemática (brincar com blocos lógicos) e outra de ciências (plantar um feijãozinho) – o que requer um professor controlador e alunos quietinhos, impossibilitando a brincadeira –, o professor deve sugerir uma atividade suficientemente múltipla e aberta à ação das crianças, a partir da qual outras situações interessantes podem surgir. Os conteúdos de algumas das diversas áreas certamente serão contemplados nessa atividade e aqueles que não puderem ser trabalhados ficarão para outro dia. Poder-se-ia, por exemplo, contar a história *O grande rabanete*, de Tatiana Belinky (1999), e brincar na horta – ou começar a construir uma.

Nesse exemplo, ao acompanhar as brincadeiras na horta após a leitura da história, a professora poderá oferecer pás e incentivar as crianças a cavar para descobrir o que há sob a terra, enquanto coletam elementos para fazer uma colagem (folhas, sementes, pequenos galhos etc.). Esses "ganchos" podem ser intencionais, guiados pelo planejamento e por decisões curriculares já tomadas pela professora, ou baseados na observação sensível do que as crianças fazem naquele momento. Na retomada reflexiva da prática diária, os professores conseguirão avaliar como o trabalho tem caminhado – se eles têm dado espaço a todas as áreas ou privilegiado apenas uma ou duas – e (re)planejar suas intervenções.

A divisão em áreas de conhecimento, para estudo e discussão pedagógica na equipe, evita que as atividades de uma turma sigam uma única tendência majoritária durante o ano, de acordo somente com as preferências da professora. Caso uma educadora seja amante das artes, por exemplo, e sempre encaminhe, sem perceber, brincadeiras e projetos para a linguagem plástica/visual, terá de levar em conta outras linguagens também importantes.

Ao mesmo tempo, discutir as diferentes áreas, uma por vez, permite que esse profissional mantenha sua autonomia de planejar e faça escolhas no amplo universo de cada uma delas, encontrando ali algo que desperte seu desejo. Conduzir uma atividade com genuíno prazer e abertura para se surpreender é essencial ao aprendizado.

O estudo das áreas como eixos de semestre solucionou um dos problemas enfrentados na formação continuada de professores polivalentes: não há tempo para estudar todas as áreas – e todas são importantes. Falar de uma área por reunião não é suficiente e leva-nos a repetir discursos prontos e a ministrar somente orientações e diretrizes. Por outro lado, estudar a fundo determinada área pode se estender por mais de ano. Assim, delimitamos um tempo que permita uma boa "margem de manobra", tanto para dedicar mais de uma reunião a um texto ou tópico que se mostrou polêmico como para incluir pautas imprevistas. Como foram determinadas seis áreas, sendo uma por semestre, todas são revisitadas a cada três anos. Se considerarmos que a maioria das crianças costuma permanecer na escola de educação infantil por no mínimo três anos, terão tido oportunidade de participar de atividades e projetos significativos em todas as áreas.

O estabelecimento de eixos semestrais facilita a troca de conhecimentos e repertório entre os profissionais, potencializa a pesquisa, promove maior aprofundamento, favorece o compartilhamento de saberes entre os grupos, a organização de eventos temáticos e a comunicação com os pais acerca do que as crianças aprendem na escola.

Esse tipo de organização nasceu da experiência gratificante que tivemos ao produzir um CD utilizando a linguagem de rádio. O projeto foi criado pelo professor de música Roberto Schkolnick[7], mas, quando decidimos gravar um CD e comunicamos que toda a comunidade escolar poderia participar, a notícia se espalhou como fogo num palheiro. As professoras de sala conversavam animadas, entre si e com as crianças, sobre o que gostariam de fazer: registrar uma das canções favoritas que cantavam todos os dias, uma brincadeira cantada, uma história... E se convidássemos aquele pai que sabe tocar violão? Podemos gravar uma música da equipe? A dedicação de todos a esse projeto, quase de modo exclusivo por certo tempo, a aprendizagem coletiva e o compartilhamento de saberes resultaram num processo tão significativo e num produto tão autêntico que mostraram que não havíamos "perdido tempo" ao permanecer meses com o mesmo tema. Ao contrário: termos um projeto em comum foi o detonador de uma potência criativa que pôde se manifestar, se fortalecer e ser canalizada de modo produtivo. As atividades permanentes de música renovaram-se após essa experiência.

O planejamento dos eventos previstos em calendário em torno do eixo semestral é um elemento organizador: aproveitamos a festa de dia das mães, festa junina, festa de dia dos pais ou festa de dia das crianças para expor trabalhos e/ou promover oficinas. Tudo é combinado em reunião, com a equipe pedagógica e às vezes com a equipe administrativa e os pais. É muito prazeroso, apesar de trabalhoso, dar asas à imaginação. A título de exemplo:

- No eixo de ciência humanas, realizamos uma festa do Oriente, com direito a chá, pastel e sopa missoshiro (servida pela nutricionista, que é descendente de japoneses), e uma festa da África, com oficina de turbantes, batuques e contação de histórias.
- No eixo de matemática, realizamos uma festa com oficinas artísticas (confecção de colares, dobraduras, pinturas simétricas) e outra com jogos.

---

7 Roberto Schkolnick é professor de música em diversas escolas e está na Jacarandá desde 1999. Com o projeto "Songbook de Adoniran Barbosa – 100 anos" desenvolvido na Jacarandá, foi vencedor do prêmio Victor Civita Educador Nota 10, promovido pela revista *Nova Escola*. Autor do material didático "Oficina de música" do sistema Singularidades Digital, dirigido a professores do curso de Pedagogia. Coordena o projeto "Cantando pelo mundo", vinculado ao Programa de Escolas Associadas da Unesco (PEA-Unesco) – www.peaunesco.com.br/cantandopelomundo. É instrumentista na Banda Zamarim desde 1994.

- No eixo de corpo e movimento, fizemos uma festa do circo e uma festa no parque próximo da escola, com caminhada e brincadeiras "de rua".
- No eixo de língua, literatura e música, realizamos uma apresentação musical num auditório de teatro e também uma feira do livro.
- O eixo de ciências naturais "pede" uma clássica exposição de ciências, mas há alternativas, como uma festa dos bichos ou de culinária e alimentação saudável.
- Em artes visuais, realizamos exposições de arte infantil, uma festa com oficinas (tingimento de tecidos, carimbos, modelagem) e propostas de intervenção coletiva, como mosaico de azulejos para o murinho da praça e arte na rua.

Procuramos sempre aproveitar, em visitas e atividades conjuntas, os saberes dos pais e de outras pessoas da comunidade escolar: uma mãe que toca violão, um pai que faz mergulho, uma faxineira que sabe lançar pião, uma avó médica. Esporadicamente, de acordo com o tema, convidamos ou contratamos profissionais para trazer novos elementos e contribuir de modo especializado com nosso trabalho, como professor de danças brasileiras (na época de festejos juninos), ceramista (para uma oficina com um grupo que está se dedicando à modelagem), veterinário (para examinar as tartarugas da escola e responder às dúvidas das crianças que realizam um projeto sobre as tartarugas-d'água), escritor (autor de uma história apreciada pelas crianças), ilustrador/quadrinista (para conversar e desenhar com um grupo que trabalha com histórias em quadrinhos).

9. O QUE AS CRIANÇAS APRENDEM NA ESCOLA

Ao frequentar uma escola, a criança amplia consideravelmente seu universo. Ao contrário do que muitos pais e profissionais pensam, mesmo que fique "só brincando" a criança aprende muita coisa. Sua participação em um espaço institucional será marcada pela convivência com outras crianças e por situações coletivas regradas que carregam conteúdos complexos. A educação infantil pode dispor de um currículo riquíssimo e, ao mesmo tempo, manter uma rotina simples, em que sejam preservados o tempo e o espaço para brincar.

De modo muito valioso, a estrutura curricular da BNCC organiza-se em seis direitos de aprendizagem: conviver, brincar, participar, explorar, expressar e conhecer-se. Os conteúdos curriculares devem, portanto, estar a serviço de tais direitos, numa articulação entre os objetivos de aprendizagem e desenvolvimento e as características de faixa etária.

Embora a BNCC tenha definido cinco campos de experiência para a educação infantil, as escolas têm autonomia para desenhar o próprio currículo. Mantivemos, então, a terminologia curricular adotada desde o início da escola, preocupadas em manter a conexão entre o que se aprende na educação infantil e os segmentos posteriores – e, portanto, com a complexidade dos conhecimentos cientificamente construídos pela humanidade.

ARTES VISUAIS

Há 20 anos, a escola pensava em uma categoria curricular de "artes plásticas": transformar materiais plásticos como forma de expressão e representação. Depois de algum tempo, com a presença cada vez mais marcante de produções artísticas com fotografia e filmagem, bem como de instalações e uso de outros suportes não plásticos, passamos a adotar a denominação "artes visuais". A arte transforma o que é invisível (ou indizível) em visível.

Quem não pode ver consegue sentir e perceber com o tato e os demais sentidos, pois a arte traduz em matéria o que é imaterial.

Na educação infantil, é extremamente importante que as crianças tenham possibilidades variadas de se expressar além da linguagem verbal, que ainda está em desenvolvimento. As artes visuais fazem parte de um campo mais amplo, o das linguagens e das diversas formas de expressão artística, composto por música, teatro e dança, entre outras. Todas essas modalidades, reunidas no campo de experiências "Traços, sons, cores e formas", "contribuem para que desde muito pequenas as crianças desenvolvam senso estético e crítico, conhecimentos de si mesmas, dos outros e da realidade que as cerca" (Brasil, 2017, p. 39). Assim, o trabalho com artes visuais, tanto quanto outras manifestações artísticas, precisa ter espaço permanente e privilegiado na rotina escolar. A regularidade do contato com materiais e procedimentos artísticos permite que as crianças se apropriem disso como linguagem – atividades esporádicas podem ser prazerosas, mas não dá chance aos pequenos de aprender e de construir um "saber fazer".

Desde bem pequenas, as crianças manuseiam os materiais que estão ao seu alcance, explorando suas possibilidades de maneiras que nós, adultos, nem imaginamos. As atividades plásticas e gráficas ajudam a ampliar o conhecimento do mundo por meio do manuseio – físico e simbólico – de diferentes objetos e materiais. Tais atividades podem ser vivenciadas como um jogo prazeroso ou como um recurso para fantasiar.

Tudo que a criança toca o faz com corpo e alma, com curiosidade, com graça. Se suas manipulações, destruições e criações forem valorizadas e vistas como artísticas, poderão ser transformadas em obras – assim, ela vai construindo uma noção do que é produzir algo que "fala" aos outros, do que é fazer arte. Porém, se as produções infantis forem ignoradas ou desconsideradas, os pequenos podem deixar de se dedicar à criação, acreditando que somente o que "a professora manda fazer" tem valor.

A arte pode ser feita com qualquer material e em qualquer lugar. Porém, não se trata de puro fazer: ela é alimentada pelo ambiente cultural em que a criança vive e pelo contato com a arte presente nos mais diversos lugares.

Concordamos com a proposta do Referencial Curricular Nacional para a Educação Infantil (RCNEI, Brasil, 1998) de articular, para a aprendizagem das artes visuais, três aspectos: o fazer artístico, a apreciação e a reflexão.

O fazer artístico deve propiciar o "desenvolvimento de um percurso de criação pessoal" por meio da produção de trabalhos de arte. A tendência atual com as crianças pequenas é focar o processo, a exploração dos materiais e movimentos, sem preocupação com o produto – que nada mais é do que um "vestígio" dos momentos de criação e convívio, de acordo com Anna Marie Holm (2007, p. 90): "Há um constante equilíbrio entre estar alerta ao momento presente e ao mesmo tempo também querer guardar os vestígios desse contato (o produto final)". Ao ser preservado, o produto da criação artística cria uma memória que pode ser resgatada ao longo das próximas criações (por meio de um caderno de desenho, por exemplo) ou depois de um longo tempo. Olhar e apreciar o que foi produzido, conversar e compartilhar sentidos são vivências fundamentais para as crianças.

A apreciação visa "[...] desenvolver, por meio da observação e da fruição, a capacidade de construção de sentido, reconhecimento, análise e identificação de obras de arte e de seus produtores" (RCNEI, 1998, v. 3, p. 89). O contato com produções artísticas pode gerar emoção e imaginação, além de ampliar os conhecimentos sobre a linguagem visual. As crianças estão, como todos nós, imersas num mundo repleto de imagens; aprendem, desde bebês, a ler as informações visuais, capacidade que pode ser desenvolvida na educação infantil. Assim como mostrar livros ilustrados aos bebês é prática comum, é perfeitamente possível mostrar-lhes ilustrações de qualidade artística. Não há idade mínima para apreciar obras de arte, que fazem parte da vida. Para admirar e valorizar essas obras de forma mais profunda, porém, é preciso mediação – conversa, observação, troca de ideias, contextualização, tempo.

A reflexão preconizada pelo RCNEI (*idem*) deve estar presente no momento tanto de fazer quanto de apreciar arte, "[...] compartilhando perguntas e afirmações que a criança realiza instigada pelo professor e no contato com suas próprias produções e as dos artistas".

Oferecer situações de aprendizagem que contemplem esses três aspectos é uma das responsabilidades da escola, que, como espaço coletivo, é diferente de outros lugares em que a criança pode fazer arte. Pintar sozinho em casa, participar de uma oficina num parque público ou aprender a alinhavar com uma tia são experiências ricas e, tecnicamente, podem ser realizadas na escola. Porém, ali a atividade artística está condicionada ao seu funcionamento institucional: lugar e material que precisam ser compartilhados, tempo limitado, destinação das produções, atividade em grupo.

A alternância entre momentos propostos pelo professor e momentos de criação livre no planejamento de cada turma reconhece a importância de atividades estruturadas e de atividades de percurso próprio, numa "ação pendular".

> Essa concepção nasce do reconhecimento da necessidade de atividades permanentes e autoestruturadas – com ampla incidência de escolha do aluno –, alimentadas por proposições que implementam as aprendizagens, em diálogo com os conteúdos da produção sócio-histórica da arte.
> [...]
> Assim sendo, a ação pendular varia entre tarefas enunciadas pelo professor para ensinar sobre a produção dos artistas, presentes nas obras e no fazer arte, e outras nas quais vigora a escolha livre do aluno. A criança incluirá em suas ações artísticas a experiência advinda da produção sócio-histórica da arte, pois os atos

de criação enunciados pelo aluno para si mesmo encaixam-se no contexto pendular do ensino. (Iavelberg, 2013, p. 112-13)

Nas Orientações Curriculares para Educação Infantil da Secretaria Municipal de Educação de São Paulo (São Paulo, 2007), percebe-se essa mesma ação pendular entre as "proposições externas (do professor, por exemplo)" e as "proposições pessoais", considerando que a curiosidade infantil deve ser alimentada por um "ambiente favorável à criação" e "contrariando concepções inatistas da criatividade".

Cabe a toda equipe da escola, pedagógica e administrativa, planejar e organizar esse ambiente favorável, em cada sala de aula ou numa sala específica, conciliando a dimensão coletiva e a individual. O espaço para a ação das crianças; o material do piso, das paredes e dos móveis; a diversidade e a quantidade de materiais e instrumentos oferecidos; onde e como serão guardados; quais deles estarão permanentemente acessíveis e quais ficarão ao alcance somente dos adultos; onde ficarão os trabalhos ainda úmidos de tinta ou cola até que sequem; as possibilidades de expor as produções infantis – são muitas as questões práticas que requerem, além de decisões pedagógicas, acordos coletivos e infraestrutura.

Os aspectos práticos da atividade artística não são detalhes menores no planejamento do professor. As orientações curriculares da SME-SP corroboram isso e enfocam da primeira apresentação do material (lembrando que as crianças pequenas imitam o adulto para aprender os procedimentos necessários) à limpeza do ambiente de trabalho.

> Definir a quantidade e a qualidade dos materiais, disponibilizá-los de um modo que a criança sinta-se incentivada a experimentá-los e oferecer a ajuda necessária para o desenvolvimento de suas ideias são pontos importantes em um planejamento que considere o modo próprio de agir, pensar e sentir das crianças. (São Paulo, 2007, p. 118)

O maior desafio é que os professores planejem todos os detalhes, não para controlar tudo, mas justamente para permitir que as crianças fiquem livres no ambiente para sentir e criar. O convite da arte-educadora Anna Marie Holm (2007, p. 14) é também um alerta nesse sentido:

> Nós, adultos, sempre temos em mente uma ou outra atividade para desenvolver com as crianças. Procuramos manter o foco em nossa ideia original. As crianças, por seu lado, rapidamente descobrem novas possibilidades com os materiais apresentados e as relações entre eles. Nós continuamos tentando manter o foco em "nossa" atividade. Mas daí em diante é importante ousar ir além e ouvir: nós devemos ouvir as crianças.

Nem toda criança sente de imediato prazer na manipulação dos materiais, sobretudo daqueles pegajosos ou com textura acentuada. As sensações e os sentimentos de cada um no contato com substâncias desconhecidas variam, devendo os professores respeitar a singularidade das crianças, tolerando seu tempo de aproximação e apropriação dos materiais. Outros alunos, ao contrário, envolvem-se de corpo inteiro, inclusive colocando giz, tinta ou cola na boca – a professora colocará o limite necessário para permitir a livre exploração da criança sem que haja riscos para sua saúde. A utilização de produtos atóxicos não elimina a necessidade de ensinar às crianças os cuidados com o próprio corpo e com o corpo do outro ao manusear diferentes objetos, instrumentos e substâncias.

ATIVIDADES COM TINTA

A pintura é provavelmente a modalidade artística mais antiga da história do homem. Utilizar líquidos mais ou menos consistentes, com pigmentos diversos, para fazer marcas numa superfície de modo intencional é uma prerrogativa humana. As crianças descobrem cedo essa possibilidade ao brincar com a comida, por exemplo, mas precisam de muita experiência de ação, interação social e apreciação para chegar a uma pintura expressiva e significativa, para si mesmas e para os demais.

A prática da pintura na educação infantil é muito acessível, mesmo com poucos recursos financeiros. Podem-se usar diferentes suportes: papéis variados, revistas e jornais, papelão reaproveitado, caixas e embalagens, pedaços de tecido, madeira, isopor, EVA e objetos. Pintar o corpo também é uma possibilidade rica, pois articula as sensações corporais e as marcas gráficas, contribuindo para o conhecimento e a representação da própria imagem (RCNEI, 1998, v. 3).

É possível confeccionar as tintas com terra, areia, vegetais em pó, borra de café, chás, restos de frutas e vegetais, sobras de papel crepom etc. Há também grande variedade de tintas prontas atóxicas: guache, aquarela, tinta plástica.

É enriquecedor fazer pintura com as mãos e os dedos (e até com outras partes do corpo!), mas os instrumentos também podem ser bem explorados, tanto pincéis diversos, rolinhos de espuma, buchinhas, palitos, quanto o que mais se prestar a "transportar" a tinta para o suporte: borrifador, bola de meia, carrinhos ou carretéis, um pedaço de barbante.

A seleção de materiais e estratégias deve ser coerente com os objetivos específicos para determinado grupo, o conhecimento da faixa etária e a preferência do professor. Também é preciso analisar a relevância social de determinada técnica e se ela faz sentido para os alunos. É importante ressaltar que a técnica deve estar a serviço da ampliação de repertório e das possibilidades de expressão da criança, sendo fundamental que o professor permita experimentações com os materiais, desde que seguras.

Entre as inúmeras técnicas que podem ser apresentadas às crianças, a impressão é uma das mais divertidas e ricas em possibilidades. Pode-se "carimbar" com quase tudo: mãos e pés, pedaços de batata, maçã ou chuchu, rolhas, tampas ou brinquedos mergulhados na tinta que deixam marcas ao ser pressionados sobre o papel.

Algumas técnicas de gravura relativamente simples também são indicadas, como desenhar com tinta na mesa de fórmica e pressionar o papel sobre ela, ou criar um relevo sobre determinada superfície (desenhar ou criar vincos com palito de dente numa bandejinha de isopor ou numa batata), cobri-la suavemente de tinta e usá-la como matriz. Outra ideia é colocar uma folha por baixo do papel e pintá-la com giz de cera.

Além da prática da pintura e da experiência com os materiais, a apreciação de obras artísticas contribui para a formação do olhar e alimenta o fazer da criança. Os professores escolhem um artista, contemporâneo ou de tempos antigos, selecionam algumas obras e mostram-nas ao grupo, por meio de livros, fotos, vídeos ou reprodução xerocopiada. A apreciação de imagens permite observar elementos artísticos como linhas, cores, luz e superfícies, além de temas, gêneros e estilos. A possibilidade de fazer uma pintura em seguida permite que as crianças testem novos recursos e ampliem seu repertório.

DESENHO

Assim como a pintura, o desenho é uma atividade espontânea das crianças desde o primeiro ano de vida: seja com um pauzinho que é arrastado sobre a areia ou um pedaço de fruta raspado sobre a mesa, elas logo descobrem como deixar suas marcas gráficas no ambiente. No entanto, desenhar não é uma atividade que se desenvolve de modo espontâneo e natural, mas em diálogo com outros desenhos de crianças e adultos. Compartilhamos, assim, da noção de "desenho cultivado" construída por Rosa Iavelberg (2013) ao longo de suas pesquisas. Segundo ela, o desenho é considerado linguagem, num desenvolvimento análogo ao da linguagem escrita, de acordo com a epistemologia genética de Piaget:

> Afirmamos que, ao desenhar, a criança passa por diferentes momentos conceituais que representam a gênese das aprendizagens em desenho, construída a partir de suas experiências, tanto fora quanto dentro da escola. Essa experiência não é alienada das imagens que se veem e da educação que se recebe, e propicia à criança condições para construir ideias sobre o que é o desenho, o que pode aparecer no desenho e para que serve desenhar. Evidentemente são ideias, hipóteses, que podem ser lidas nas suas ações e falas. A criança desenha regida pelo que concebe sobre o desenho e, para isso, depende de interação com um meio onde o desenho é validado como ação infantil. (*ibidem*, p. 20)

Na escola, ofertamos giz de cera, lápis de cor, canetas hidrográficas, lápis grafite, giz pastel e carvão, também em diferentes suportes (lousa e papéis variados sobre a mesa, na parede e até no chão). Opta-se pelo uso inicial

Infância, liberdade e acolhimento

de materiais mais duros, como giz de cera, para que a criança tenha de imprimir alguma energia em sua ação e não obtenha resultados com qualquer gesto fortuito. A força do gesto deixa marcas mais ou menos intensas, tanto na espessura do traço quanto em cor. As canetas hidrográficas são reservadas para as crianças a partir dos 3 ou 4 anos, pois não exigem firmeza no traçado e não se prestam às explorações que as menores costumam fazer.

Geralmente, propomos quatro categorias de desenho: desenho livre, desenho dirigido (ou com tema), desenho com interferência e registro.

O desenho livre (em que a criança desenha o que e como quiser) é uma possibilidade frequente na rotina, muitas vezes de livre escolha no momento de brincar em sala, quando qualquer criança pode solicitar papel e lápis (ou pegar o material espontaneamente, já que em algumas salas de Grupo 4 e 5 ele fica acessível). Para as crianças de 1 a 3 anos é a principal modalidade, o que permite a exploração dos materiais, dos gestos e a livre expressão.

No caso de desenho dirigido, há algum direcionamento por parte do adulto: por exemplo, após a contação de história, a professora propõe que desenhem aquilo de que mais gostaram. Além das histórias que fazem parte do repertório do grupo, pode-se obter o tema de outros modos. Para ajudar um aluno a sair de um desenho estereotipado, uma professora criou a "caixa de ideias", na qual reuniu pequenos desenhos das próprias crianças sugerindo temas como princesas, heróis, dragões, dinossauros, florestas... Uma estratégia interessante para ajudar as crianças a evoluir no traçado é o desenho de observação: um objeto escolhido coletiva ou individualmente serve de "modelo". Nesse caso, todos vão ao pátio para desenhar o escorregador, por exemplo, partindo de sua percepção e de seu ângulo de visão.

Com certo grupo de crianças de 4 e 5 anos, há alguns anos, surgiu a ideia de montar um "dicionário" de partes do corpo, ou seja, as crianças desenharam olhos, narizes, bocas, orelhas, cabelos, mãos, pernas e pés diversos, que se tornaram fonte de inspiração e consulta na hora de desenhar figuras humanas. Tal experiência ampliou o repertório gráfico dos alunos, que aprenderam uns com os outros formas diversas de desenhar.

O desenho com interferência é outra proposta interessante que desafia as crianças a pensar sobre a utilização do espaço, a proporção das formas e até a criação de narrativas inspiradas nos desenhos. Propõe-se a elas que façam um desenho num suporte em que já existe algo – um triângulo desenhado, um rosto recortado de uma revista ou uma foto em preto e branco do pátio da escola. Com base nesses suportes, a criação é livre: continuar uma linha ou usar o triângulo como telhado da casa, fazer um nariz de palhaço no rosto ou desenhar personagens no pátio fotografado.

Por último, chamamos de registro a atividade de representar graficamente o entendimento de algo: o bichinho que acharam no jardim, a receita culinária preparada em grupo, o jogo que acabou de terminar. Ao contrário das demais propostas, que têm caráter artístico e podem ser absolutamente singulares, o registro tem caráter documental e precisa comunicar determinadas informações, sendo "legível". Portanto, só faz sentido em turmas cujas crianças já desenham de modo figurativo.

COLAGEM

Embora a colagem seja uma atividade bastante conhecida e muito utilizada nas escolas, para as crianças pequenas é complexa tanto do ponto de vista do manuseio do material como do planejamento da ação, que envolve pelo menos duas etapas: a coleta dos materiais a ser colados e a colagem propriamente dita.

Vale explorar livremente a cola, que permite uma experiência tátil interessante, e observar sua transformação conforme vai secando, mas ressaltamos que somente a partir dos 3 ou 4 anos podemos esperar que a criança use a cola com alguma habilidade e autonomia.

Além das atividades de registro, nas quais a colagem é um recurso muito interessante, aqui vamos focalizar as colagens como expressão artística. Cabe aos professores explicar a função da cola, as formas de espalhá-la pela superfície (com o dedo, com pincel, com hastes flexíveis), a quantidade a ser utilizada e também apresentar os vários tipos de cola (de farinha, de arroz, cola branca, em bastão, goma arábica), mas os elementos a ser colados e a disposição destes devem ser escolhidos pela criança.

Infância, liberdade e acolhimento

É interessante que os alunos façam explorações e atividades bem diversificadas, incluindo a colagem de materiais diversos, como recortes de revista, fotos impressas, tecidos, barbantes, retalhos, lãs, penas, botões, lantejoulas, purpurina e *glitter*. Tais materiais podem ser usados separadamente ou misturados numa *assemblage*, numa fotomontagem ou em produções em alto-relevo.

A técnica de mosaico, tanto com cacos de azulejo como com recortes de papel, tecido ou EVA, também permite um trabalho em etapas, que envolve planejamento e dedicação por alguns dias.

Além da cola, é possível utilizar fitas adesivas diversas, em produções associadas a desenhos, pinturas e a construções tridimensionais.

ATIVIDADES TRIDIMENSIONAIS

Desde bem novas, as crianças podem entrar em contato com diversos materiais que se prestam ao trabalho criativo artístico tridimensional.

A massinha de modelar caseira ou industrializada é o primeiro deles. Da confecção da massinha com farinha – quando a criança pode apreciar a transformação dos ingredientes e a adição de pigmentos que dão diferentes cores ao material – ao manuseio e à criação de formas – cobrinhas, pizzas, sorvetes, pulseiras, bigodes –, a modelagem se torna uma grande brincadeira, que permite à criança experimentar as diversas características do material.

À medida que as crianças vão crescendo, aumentam as opções de matérias-primas para modelar: argila, massinha de biscuit, placas de cera de abelha e massa de papel machê.

Apreciar esculturas em visitas a museus ou parques é muito inspirador para que as crianças ampliem suas possibilidades de criação. Nessa oportunidade, elas podem descobrir que é possível modelar, mas também esculpir em madeira, gesso, pedra, metal. Tomam contato, ainda, com obras de diferentes tamanhos – daquelas que caberiam na palma da mão às de grande dimensão, muito maiores que as próprias crianças. Materiais simples como papel-alumínio, arames flexíveis, limpadores de cachimbo e atadura de gesso, além dos já citados antes, permitem experiências artísticas interessantes e originais.

A célebre sucata, composta de resíduos sólidos domésticos (caixas, latas, cilindros de papel higiênico, frascos plásticos, embalagens longa-vida) ou industriais (calota de carro, carretéis de metal, placas de material reciclado ou vinil), devidamente limpos, também permite a construção de obras tridimensionais, como maquetes, cenários, personagens, veículos ou formas abstratas. As construções trazem inúmeros desafios práticos: colar, pregar, amarrar, montar, empilhar, encaixar, forrar, pendurar etc., o que permite explorar o espaço em sua tridimensionalidade, implicando volume, formas, proporcionalidade, equilíbrio. Esse tipo de atividade pode ser feito individualmente ou como um projeto coletivo, que envolve a todos, cada um com suas habilidades criativas e manuais. Além disso, frequentemente exige diferentes etapas a ser vencidas ao longo de dias.

OUTRAS TÉCNICAS

O artesanato desenvolve mais a técnica do que o aspecto expressivo, focando o produto final, porém potencializa o fazer artístico da criança. Ao aprender a lidar com algumas técnicas simples, ela pode materializar suas ideias e se aproximar dos saberes de sua comunidade.

Além de ver-se diante da possibilidade de criar um objeto, a criança pode aproveitar comemorações para confeccionar elementos decorativos, presentes ou prendas. Quando bem escolhidos e contextualizados, os trabalhos manuais permitem uma vivência de dedicação e persistência, bem como o aperfeiçoamento dos movimentos finos.

Com crianças a partir dos 3 ou 4 anos, sob a supervisão do adulto, geralmente é possível realizar as seguintes atividades: recortes e dobraduras com papel; alinhavo, bordado, costura; crochê, tricô; tear; marcenaria.

Com os mais novos, a exploração de materiais fora do comum e a observação de outros adultos e crianças fazendo trabalhos manuais já são, em si, muito ricas. Cabe aos professores pensar em estratégias que lhes possibilitem essa experimentação, como manusear e pintar bloquinhos de madeira ou brincar com novelos de lã.

Para além do universo da matéria, a criação e a manipulação de imagens podem se dar por meios fotográficos e digitais. A tecnologia atual facilita que crianças pequenas utilizem câmeras fotográficas para filmar e fotografar. As imagens produzidas podem ser impressas ou projetadas, além de modificadas por recursos digitais. Como em toda técnica, é importante que os professores tenham algum conhecimento teórico e prático daquilo que propõem ao grupo; porém, se houver recursos disponíveis para tal, testar novas possibilidades com as crianças pode ser produtivo e divertido.

Atos simples, como imprimir fotos das crianças em preto e branco, que servirão de suporte para desenho, pintura ou colagem, ou assistir a uma apresentação de fotos feitas pelos próprios alunos amplia seus conhecimentos sobre o universo visual e sobre a produção artística contemporânea.

Por fim, vale dizer que a área de artes é vastíssima e demanda habilidades diversas. Permitir que as crianças escolham materiais, empreendam esforços e façam criações como expressão de seu pensar e sentir é fundamental para valorizar sua singularidade. No entanto, tudo que envolve habilidade manual requer treino, experimentação, repetição, sendo por isso necessário disponibilizar tempo e oportunidades de fazer e refazer os trabalhos até chegar a um resultado que seja satisfatório para o próprio autor.

LÍNGUA, LITERATURA E MÚSICA

Na Jacarandá, utilizamos a língua materna da enorme maioria dos brasileiros: a língua portuguesa, considerando que por meio dela nos expressamos com maior fluência e veracidade. Acreditamos que uma das tarefas da escola é cultivar esse patrimônio belíssimo e ajudar as crianças a se apropriar da nossa língua em toda sua riqueza. Às vezes, por ter nascido em outro país, por ter pais estrangeiros ou origem indígena, a criança tem outra língua materna. Já aqueles com deficiência auditiva podem já ter iniciado a aprendizagem de Libras. De todo modo, todos estarão em contínuo contato e interação com a língua portuguesa, falada no dia a dia e por meio de histórias, parlendas e canções.

O desenvolvimento da linguagem verbal pode ser favorecido pelo simples fato de conversarmos espontaneamente com as crianças a respeito dos fatos cotidianos e das atividades realizadas de modo correto e claro. Conversar, no caso, implica falar e escutar o que o outro tem a dizer, mesmo que a resposta não venha em palavras. Tomar uma criança bem pequena como interlocutor não é uma atitude natural ou óbvia; embora alguns adultos assim o façam intuitivamente, muitos falam *da* criança, mas não *com* a criança, julgando que ela "ainda não entende nada".

Tomar a criança pequena como sujeito competente para a interação e, portanto, inserido na linguagem antes mesmo de falar é essencial para que se crie uma rede simbólica que dará sustentação à sua fala. Um ambiente em que a palavra tem valor é de suma importância para que as crianças falem com sentido e propriedade. Falar não é somente emitir oralmente uma série de palavras, mas tomar a língua como instrumento de expressão e interação. Em todas as brincadeiras e atividades, quando a professora conversa com as crianças (fala, explica, pede, lê, canta, adverte etc.) e as questiona sobre o que estão fazendo, elas precisam usar alguma forma de comunicação – e só assim poderão desenvolver seus recursos de linguagem.

Os professores devem estar preparados para aceitar a forma utilizada pela criança para se expressar, concentrando-se no conteúdo da mensagem e esforçando-se para compreendê-la. Não se trata de adivinhar o que a criança quer, pois a dificuldade de compreensão do outro é que a faz aperfeiçoar sua fala, mas de supor que, naquela tentativa de se comunicar, há uma intenção de resposta. É preciso dar-lhe espaço para formular seu pensamento, esperando que ela se comunique, e, por meio do diálogo, verificar se entendemos o que quer dizer. A criança precisa ficar à vontade para falar aquilo que quer do modo que consegue. Assim, ela se sente aceita, valorizada e motivada a falar mais e melhor. Os professores devem estimular as crianças a falar, mas os silêncios também precisam ser respeitados.

No grupo de alunos com cerca de 1 ano de idade, a linguagem oral está começando a se desenvolver e a maior parte das crianças tem um repertório pequeno de palavras, que são utilizadas com diferentes sentidos, inclusive como se fossem frases completas. Por exemplo: "tetê" pode ser o objeto mamadeira, um pedido ("Quero leite"), uma pergunta ("Cadê mi-

Infância, liberdade e acolhimento

nha mamadeira?") ou uma afirmação ("Acabei de tomar meu leite"). Algumas crianças inclusive ainda não falam palavras reconhecíveis, mas emitem sílabas, balbuciam e soltam gritinhos ou sons que já têm sentido comunicativo. E, se ainda não têm, passam a ter ao ser tomados como comunicação pelo adulto que interage com a criança.

Crianças pequenas tendem a aprender mais facilmente os nomes das coisas e das ações e geralmente adoram ver livros com figuras que são nomeadas repetidas vezes. Repetem o que o adulto fala e se divertem com a sonoridade da língua, fazendo espontaneamente experiências vocais. Conforme vão crescendo, tais jogos ganham complexidade e elas adquirem mais consciência da estrutura fonológica da língua, o que deve ser incentivado e enriquecido pelos professores com rimas, trava-línguas e outras atividades que explorem os sons do português.

Diariamente, em todos os grupos, dedica-se um momento à conversa em roda e para contar histórias, realizam-se pesquisas em vários tipos de texto e criam-se poemas e narrativas visando construir uma relação prazerosa e diversificada com a língua oral e escrita.

A RODA

A roda visa sobretudo propiciar um espaço privilegiado para a linguagem verbal. Nesse momento, todos estão reunidos, olhando uns aos outros, com menor atividade motora. Costuma ser a primeira atividade coletiva do dia após a brincadeira livre.

Sugerimos que a roda se inicie sempre com uma música, preferencialmente acompanhada por gestos ou pelo próprio movimento de fazer a roda, dando as mãos ou sentando em círculo. Esse é o momento de informar as crianças sobre tudo que se refere à sua rotina escolar (dia de pintura, um aluno novo, quem faltou, comemorações etc.), sempre utilizando uma linguagem correta, porém simples. Após os cumprimentos, os combinados do dia e as "últimas notícias", a professora pode propor uma brincadeira.

A brincadeira da roda de linguagem pode ser uma parlenda, um poema, um trava-línguas, um diálogo com fantoches, conversar sobre uma figura, um brinquedo da sala ou algo trazido por um aluno – há inúmeras possibilidades que podem criam situações significativas e lúdicas. É interessante aproveitar as colocações espontâneas das crianças, tanto verbais como gestuais, e tentar incluir os demais alunos na conversa. Como mediadora, a professora precisa perceber quando é possível deixar as crianças falar livremente por alguns instantes ou quando é necessário colocar algum tipo de regra, como "cada um fala na sua vez". Deve ainda incentivar o grupo a ouvir o que um dos alunos está dizendo.

Para terminar a roda, escolhe-se outra música, ao final da qual todos se levantam e partem para outro espaço ou brincadeira.

RODA DE HISTÓRIA: O TRABALHO COM A LITERATURA

Contar histórias é uma prática presente na escola desde o Berçário. A melodia da língua quando o adulto lê uma história é diferente de quando ele fala com a criança ou conversa ao telefone, e os bebês percebem e apreciam isso. À medida que as crianças crescem, a interação com as histórias amplia-se para além da oralidade.

As histórias narradas oralmente trazem a voz, o jeito de falar, as expressões faciais e os gestos de quem as conta. Assim, há uma mediação entre o texto e o leitor – nesse caso, o ouvinte. A riqueza do texto é acrescida da interação com o contador da história, o que é fundamental para que a criança se envolva com a narrativa em si, com a leitura em geral e com os outros. Trata-se de uma vivência social e linguística distinta das situações pragmáticas/instrumentais do cotidiano, que na escola ainda ganha contorno específico. Os professores precisam ter sua prática de leitura e gostar de ler para transmitir esse prazer ao contar histórias para seus alunos, evitando assim que tal oportunidade se torne uma atividade automática.

Costumamos organizar as crianças em roda para ouvir histórias, sentadas com as pernas cruzadas, o que pode resultar em conflitos entre os alunos (para ver quem senta mais perto do livro, por exemplo) e entre estes e os professores (que costumam esperar silêncio e imobilidade nessas situações). Algumas estratégias com brincadeiras corporais auxiliam a "preparar" o corpo e a atenção das crianças para permanecer sentadas confortavelmente durante certo tempo, além de outros arranjos espaciais para a hora da história (todos espalhados pela sala com almofadas, escolhendo em que posição querem ficar). De todo modo, não devemos deixar que a "disciplina da roda" ganhe mais importância do que a atividade em si, o que minaria o entusiasmo coletivo antes de a história começar. O ambiente precisa ser calmo, aconchegante e propício para despertar a imaginação das crianças.

Imaginar, ou criar representações mentais próprias, é uma capacidade essencial para a vida humana e embasa todo o desenvolvimento cognitivo e afetivo posterior. O mundo atual, porém, já fornece uma enormidade de imagens prontas para consumo, das quais é difícil se desligar. A narrativa de histórias pode ser ou não acompanhada de imagens: ilustrações, figuras, objetos, fantoches – tal variação possibilita que não se crie uma dependência de imagens que dispensem a atenção ao texto e o trabalho próprio de imaginação. Nesse sentido, priorizamos ilustrações de cunho artístico e minimizamos o uso de filmes de animação, em que as crianças adotam postura mais passiva.

Nessa perspectiva, cultivar a imaginação e apreciar o momento da história são os objetivos principais a perseguir, visando à apropriação dessa linguagem e à criação de atitudes de cuidado, respeito e admiração para com os livros. Podemos ainda destacar outros objetivos para a leitura ou contação de histórias na educação infantil:

- ampliar o vocabulário;
- aperfeiçoar a capacidade de expressão oral;
- valorizar a linguagem verbal (oral e escrita) e gestual como forma de interação;
- apropriar-se de elementos relativos à nossa cultura;
- ter contato com conhecimentos sociais e informações de diversas culturas e se situar progressivamente no tempo (veja, neste capítulo, o tópico "Ciências humanas").

No caso de bebês e crianças bem pequenas, sugerimos histórias curtas, cujo enredo seja próximo de suas vivências e/ou mostre-se ritmado, marcante, brincante. Repetir a história por vários dias consecutivos, criando um ritual, permitirá que eles antecipem o que vai acontecer e, portanto, participem mais ativamente. Uma boa estratégia para chamar a atenção para o momento da história é usar a música; pode-se cantar também no meio da história uma canção que esteja relacionada a um personagem ou à situação narrada. Nessa idade, é possível que as crianças ouçam a história mesmo que estejam fora da roda, andando pela sala ou até mesmo manuseando um brinquedo ou falando; só é necessário interferir se essa atitude estiver atrapalhando os demais colegas.

Além da história escolhida pela professora, oferecer livros variados às crianças é fundamental. Apenas livros de pano, plásticos ou cartonados podem ser manuseados pelas crianças mais novas, sempre com supervisão do adulto – que deve orientá-las a colocar o livro no colo ou na mesa, a não pisar nele nem rasgá-lo.

A partir dos 2 anos, aproximadamente, as crianças aprendem ainda mais com a prática da leitura:

- postura de ouvinte/leitor;

- manuseio correto dos livros;
- interpretação de imagens;
- compreensão do enredo da história;
- nomeação de personagens, objetos e situações apresentadas nas ilustrações;
- narração de trechos da história (reprodução);
- criação de narrativas com base nas ilustrações;
- aproximação da noção de sequência temporal por meio das ações dos personagens e das ilustrações (antes e depois, começo, meio e fim);
- relação entre fatos, cenas e personagens da história com o cotidiano;
- título, autor e ilustrador.

Qualquer que seja a estratégia, é indispensável que a professora conheça a história de antemão, para avaliar sua pertinência e contá-la de maneira fluente e expressiva. É preciso também avaliar o melhor momento da rotina para a roda de história, garantindo um bom aproveitamento dessa atividade – que não será bem-sucedida se as crianças estiverem com sono, com fome ou excessivamente agitadas.

É interessante trabalhar com várias versões de uma mesma história, mostrando às crianças que ao longo do tempo algumas narrativas de tradição cultural ganharam diferentes enredos, embora quase sempre tenham os mesmos protagonistas e o mesmo desfecho.

Ao trabalhar com bons textos, amplia-se o vocabulário das crianças. Às vezes, elas interrompem a leitura do professor para perguntar o significado de uma palavra. O educador só deve parar a leitura se a compreensão estiver comprometida, ou seja, se for muito difícil entendê-la pelo sentido do texto. Caso contrário, continua lendo e retoma a palavra no final, perguntando se descobriram o significado e até procurando-a no dicionário, se necessário.

Ao contar histórias em capítulos, é preciso resgatar o que foi lido anteriormente antes de recomeçar a leitura e, além disso, planejar em que ponto da história parar a fim de criar expectativa para a leitura do dia seguinte.

Por fim, reitere-se que cada história traz consigo uma série de conteúdos e valores inerentes a ela. Tal aspecto será abordado no item sobre História.

A ORALIDADE E A ESCRITA

A oralidade é fundamental na interação humana, sendo responsável por grande parte da transmissão cultural. Em determinadas sociedades, não há nenhuma forma de escrita e todo o conhecimento é transmitido de forma direta e oral: "Oralidade não é apenas a palavra que sai da boca das pessoas. É uma coreografia que faz o corpo dançar. O corpo é a reverberação do som das palavras. [...] O narrador é o mestre da palavra" (Munduruku, 2000, p. 95).

Redigir, mesmo que oralmente, requer a organização de pensamentos, a reflexão sobre as próprias palavras. Na escola, além da utilização de outras formas de expressão, a necessidade de elaborar um texto ou de registrar informações para a própria continuidade de uma atividade contribui para a aprendizagem da escrita.

A aproximação da criança com o mundo da escrita, em especial com o sistema alfabético, precisa acontecer de maneira gradual e sempre dentro de um contexto significativo.

Desde cedo, os pequenos pensam a respeito de diversos assuntos, tentando explicar as coisas que observam e dar ordem a elas. Nosso mundo, no caso, é letrado e repleto de textos e sinais gráficos. Quando deparam com a escrita, pensam sobre suas regras, seu funcionamento, sua função. No esforço de compreender essa linguagem, formulam hipóteses próprias. Essa ação empreendida pelas crianças foi uma das mais reveladoras descobertas relatadas por Emilia Ferreiro e suas colaboradoras, que em suas pesquisas, desde meados dos anos 1970, procuram compreender o processo de aquisição de escrita e leitura do ponto de vista do sujeito que aprende, e não da metodologia de quem deseja ensinar.

> Sabe-se que, para aprender a escrever, a criança terá de lidar com dois processos de aprendizagem paralelos: o da natureza do sistema de escrita da língua – o que a escrita representa e como – e o das características da linguagem que se usa para escrever. [...].
>
> No processo de construção dessa aprendizagem as crianças cometem "erros". Os erros, nessa perspectiva, não são vistos como faltas ou equívocos, eles são espe-

rados, pois se referem a um momento evolutivo no processo de aprendizagem das crianças. [...] E escrever, mesmo com esses "erros", permite às crianças avançarem, uma vez que só escrevendo é possível enfrentar certas contradições. (Brasil, 1998, v. 3, p. 128)

Partindo do contato com textos diversos, sejam eles apresentados pela escola e pela família ou presentes no ambiente social mais amplo (placas de rua, anúncios, embalagens etc.), a criança observa letras, palavras, regularidades e formas e começa a refletir sobre uma infinidade de aspectos ligados à língua escrita: quantidade e variedade de caracteres utilizados para escrever uma palavra; diferença entre número e letra, entre desenho e texto; direção da escrita (da esquerda para a direita e de cima para baixo, no português); sinais de pontuação; separação entre as palavras. Tal processo deve ser observado e valorizado, não devendo ser ignorado em função de não haver na educação infantil o objetivo de alfabetização. A BNCC (Brasil, 2017) preconiza uma imersão na cultura escrita desde os bebês, com leitura de histórias e diferentes gêneros textuais e portadores de texto, a fim de que a criança compreenda a escrita como sistema de representação da língua e se lance ao levantamento de hipóteses e a escritas espontâneas.

Ao fazer tentativas de ler ou escrever, a criança coloca em ação suas hipóteses, que vão evoluindo em direção às convenções da língua escrita à medida que ela as confronta com o que observa em suas trocas com adultos, com colegas e com a professora – que deve lhe oferecer a oportunidade de cotejar suas hipóteses com palavras conhecidas, como o próprio nome, o nome dos colegas e outros termos estáveis do repertório do grupo.

Mantemos na parede das salas um abecedário em relevo de madeira, com as letras em caixa-alta (maiúsculas), que serve como referência para as pesquisas infantis. A referência mais importante, no entanto, é o nome próprio. De modo geral, confeccionamos uma plaquinha de papel plastificado com o nome dos alunos das turmas a partir dos 3 anos, também em letra maiúscula de imprensa, que se presta a diversas funções:

acompanhar a chamada, sortear um aluno, marcar os lugares à mesa ou numa roda, sinalizar quem é o "ajudante do dia", transformar-se em peça de jogos.

A LINGUAGEM MUSICAL

A música faz parte de nossa vida desde a fase uterina: os bebês sentem as vibrações sonoras e percebem os sons muito antes de nascer. Todo grupo familiar e social tem músicas próprias – cantadas na intimidade ou em grupos de trabalho, no rádio, ao vivo –, pertencentes a um repertório que transcende gerações. Portanto, a criança nasce e cresce num meio musical, independentemente de condições sociais.

Como afirmam Almeida e Pucci (2002, p. 15),

> concebemos a música como uma das expressões humanas, uma das muitas linguagens utilizadas pelo homem para falar de si, do seu grupo social e de suas impressões sobre o mundo. A música não existe por si mesma, mas inserida num contexto sociocultural. Quando ouvimos, cantamos ou tocamos música, estamos penetrando parcialmente nesse grupo social e no pensamento desse homem que a criou. Essa concepção fundamenta a importância e a necessidade de incluir a música no âmbito da educação.

As canções reúnem letra e melodia, sendo fonte privilegiada de vocabulário e expressões da cultura, mas a música em si é uma forma de expressão e representação, ainda que sem palavras. Trata-se de uma linguagem artística que, portanto, participa tanto da área de linguagem quanto da de arte, compondo um universo riquíssimo como fonte de cultura, prazer e crescimento cognitivo, afetivo e social.

Portanto, aquilo que afirmamos no tópico "Artes visuais", sobre apreciação, fruição, criação e contextualização, também se aplica à música ou às obras musicais. Na música, porém, é mais comum a exigência da reprodução das composições, seguindo o ritmo e a melodia – assim, a noção de certo e errado está mais presente no ensino musical, infelizmente afastando muitos alunos e professores leigos. É importante considerar que as

Infância, liberdade e acolhimento

crianças se aproximam e se apropriam do saber musical (assim como dos outros saberes) aos poucos, "com falhas", mas sempre com uma interpretação pessoal. O contato, a interação e a criação com os elementos musicais também precisam se dar na escola com grande liberdade.

Em todas as turmas são realizadas várias atividades e projetos com canto, uso de instrumentos musicais, dança, audição de repertório variado e de boa qualidade, gravações e improvisação – enfim, experiências musicais que sejam significativas para as crianças, o que amplia seu repertório e promove o prazer de aprender e conhecer.

A escolha do repertório a ser apresentado às crianças deve ser cuidadosa, já que cada canção traz em si uma série de elementos culturais, éticos e estéticos que farão parte das experiências musicais dos alunos. A música brasileira, composta de tantos gêneros e estilos, permite-nos explorar uma mistura de influências étnicas – sobretudo de origem indígena, africana e portuguesa – que, além de contar nossa história e nossos costumes, embala-nos com ritmos deliciosos e brincantes.

"Roda de música" é o nome que damos às cantorias coletivas: desde o Berçário, os professores convidam as crianças a se aproximar e sentar para cantar. Nem sempre a formação é de uma roda propriamente dita; por vezes, a cantoria fica tão animada que as crianças se levantam para dançar ou os professores propõem gestos e movimentos para acompanhar a canção. A roda, em que todos podem se ver, costuma ser a melhor escolha, pois a imitação é importante meio de aprendizado nos primeiros anos de vida. Brincar de roda, cantando e girando de mãos dadas, é um desafio para os pequenos, mas a partir dos 2 anos costuma ser possível e divertido.

Damos prioridade às músicas infantis populares, que fazem parte da memória de infância dos adultos. As cantigas de ninar também são frequentes e surgem na rotina escolar, mesmo sem planejamento. Saber "de cor" uma canção é sinal de que ela já está incorporada e será transmitida com mais vivacidade, como um verdadeiro legado cultural. Escolher e aprender novas músicas, no entanto, é importante para a formação de um repertório diversificado, considerando a reflexão crítica dos professores no momento de selecioná-las. *Hits* que fazem sucesso na mídia nem sempre têm boa qualidade musical ou letra adequada à faixa etária. Assim como as histórias, as músicas estão carregadas de valores e a escola precisa estar atenta à coerência daquilo que pretende ensinar.

Amplia-se o repertório das crianças também com músicas relacionadas a datas comemorativas, como carnaval ou festa junina, que são, ao mesmo tempo, estratégias para apresentar às crianças a história e os costumes ligados a essas comemorações e formas de brincar e festejar, compartilhando saberes populares que podem circular entre adultos e crianças, incluindo alunos, pais, e professores.

O canto é a principal atividade no início da roda, tendo a canção todos os elementos musicais a ser vivenciados e posteriormente trabalhados, em conjunto ou separadamente: pulsação, ritmo, melodia, harmonia, andamento, volume. Cantar "ao vivo" oferece a voz da professora ou do professor em toda a sua riqueza e peculiaridade, mas também podem ser usadas gravações, que trazem outros exemplos vocais e a instrumentação.

O canto, ao lado do uso de instrumentos de percussão e do próprio corpo, é a opção mais acessível tanto aos professores leigos como a crian-

Infância, liberdade e acolhimento

ças de todas as idades. O corpo é o nosso primeiro instrumento; a voz, objeto de experimentação e exercício desde os primeiros meses de vida. Até mesmo as crianças que não falam apreciam as rodas de cantoria, dançando ou acompanhando com gestos, reconhecendo as melodias e até cantarolando ou repetindo determinadas palavras. A música, a dança e a brincadeira estão intimamente ligadas.

Acompanhar a música com percussão corporal é muitas vezes uma ação espontânea: bater palmas, bater no chão ou na mesa, bater o pé. Os instrumentos de percussão – tambores variados, pandeirinhos, chocalhos – são os mais facilmente assimilados, desde o Berçário.

Certos instrumentos podem ser oferecidos em versão original, quando há essa disponibilidade (por exemplo, violão, teclado, tambores, flautas) ou quando um adulto da comunidade escolar tem um instrumento e pode mostrá-lo. Existem diversos instrumentos produzidos em tamanho infantil, que possibilitam inúmeras atividades e enriquecem sobremaneira a aprendizagem: tambores, caixa, pandeiro, platinela, ganzá, maraca, triângulo, prato, reco-reco, agogô, guizo, chocalhos variados, gaitinhas, apitos etc. A flauta doce, disponível em plástico, é facilmente encontrada, podendo ser utilizada mesmo sem que haja aprendizado técnico.

A confecção de instrumentos com sucata, reproduzindo aqueles convencionais ou criando novos, é uma oportunidade interessante para explorar sonoridades e compreender como se produz o som. Por exemplo: tocar um elástico esticado (cordofones), percutir um coco ou um pedaço de madeira (idiofones) ou soprar um canudo (aerofones) – ainda há os membranofones e os eletrofones.

Para as crianças de Grupo 4 e 5, realizamos aulas de música com professor especializado, duas vezes por semana, por considerar que um educador com formação musical pode oferecer um repertório musical mais amplo, apresentar conteúdos mais específicos da área de música e, principalmente, aproveitar os conhecimentos prévios das crianças e incrementá-los de maneira significativa.

Nas aulas de música, as crianças utilizam um caderno para registrar algumas de suas experiências e atividades. Nele, temos também letras de determinadas músicas, a classificação tradicional dos instrumentos musicais (percussão, sopro e cordas) e espaço para a notação da escrita musical tradicional. Parte-se da exploração sensorial, livre ou dirigida, para depois registrar percepções e hipóteses criadas pelo aluno. Trata-se assim de um recurso simples para a construção do conhecimento da linguagem musical, que é levado para casa ao final do Grupo 5 e pode acompanhar as futuras aprendizagens.

A LÍNGUA ESTRANGEIRA: O INGLÊS NA EDUCAÇÃO INFANTIL

Por volta dos 4 anos, em geral a criança que fala já tem um domínio básico de sua língua materna: expressa verbalmente seus pensamentos e vontades, constrói narrativas e faz perguntas utilizando uma linguagem fluente, rica em vocabulário e, na maioria dos casos, perfeitamente articulada. Considerando que ela já sabe se comunicar oralmente em português ou possui boa compreensão da língua, o desafio será se comunicar por meio de outro código, outro idioma: a língua inglesa.

Para que tal desafio seja assumido pelo grupo, a aproximação entre a professora de inglês e as crianças deve utilizar o mínimo possível de português. O inglês comparece como o elemento novo, intrigante e diferenciador dessa nova relação. O "estranhamento" que as crianças sentirão, já que são capazes de discriminar o que é próprio do seu jeito de falar e o que é diferente, desestabilizará seus esquemas de linguagem, criando espaço para a aprendizagem.

Na Jacarandá, promovemos uma aula semanal de inglês, com uma hora de duração, para os grupos de crianças de 4 e de 5 anos. Mesmo tendo carga horária reduzida, a aula é bem aceita pelas crianças e possibilita um período de "suspensão" da língua materna. A ênfase está na compreensão auditiva; a fala das crianças surge espontaneamente, por imitação, sem que haja correção de pronúncia.

Assim, o inglês é usado em situações como:

- expressões cotidianas, cumprimentos;
- comandos, pedidos, instruções cotidianas;

- canções acompanhadas de mímica ou de gestos, cujo conteúdo será explicitado por meio de conversa prévia, figuras ou dos próprios gestos;
- histórias curtas e repetitivas, também de conteúdo conhecido pela mímica, por figuras, por conversa prévia ou posterior etc.;
- versos, poemas e rimas;
- jogos que requeiram a compreensão e/ou a utilização de palavras ou frases curtas,
- nomeação de elementos/objetos que estejam sendo utilizados pelas crianças;
- teatrinho de fantoches, no qual um dos personagens fala inglês;
- pesquisa de vocabulário sobre um tema de interesse do grupo.

É comum que a professora esteja falando em inglês e as crianças, respondendo em português – aos poucos, começam a repetir algumas palavras ou frases. Evitamos ao máximo qualquer tradução. Se as crianças perguntam o que foi dito, a professora repete novamente em inglês, fornecendo alguns indícios necessários à compreensão – na forma de ação direta, indicação do objeto concreto ou representado, mímica, desenho. Falar o tempo todo em inglês gera mais foco e também proporciona uma vivência integral na língua, pois não se trata de ensinar somente um vocabulário, mas todo um sistema linguístico-cultural. Cada língua tem sua melodia e prosódia; não podemos falar inglês com o ritmo e a sonoridade que usamos na língua portuguesa.

Desse modo, mesmo sendo as crianças bem novas, a professora precisa ter domínio da língua, fluência e ótima pronúncia. As crianças imitam e repetem a fala do adulto, que deve lhes fornecer um bom modelo.

As aulas de inglês seguem a mesma metodologia da escola: a interação das crianças com esse idioma é feita por meio de brincadeiras, jogos e atividades significativas. A aula costuma começar com uma roda, que pode seguir um ritual que se repete por várias semanas: uma música, uma história ou um verso (sempre acompanhados por gestos e expressões corporais que ajudem na compreensão). Em seguida, propõe-se uma atividade, brincadeira ou um jogo com regras, em que o próprio contexto auxiliará as crianças na compreensão do vocabulário utilizado. Em geral, utilizam-se jogos que envolvem movimentos corporais ou jogos de mesa – tudo depende da própria dinâmica do grupo.

No caso da brincadeira livre em sala, o papel da professora é ajudar os alunos na organização, oferecendo materiais, conversando, comentando em inglês o que observa. Essa é uma ótima oportunidade para "ler" os interesses do grupo e, a partir daí, planejar as aulas seguintes.

É importante que as atividades propostas sejam repetidas para que as crianças se envolvam mais e para que se reitere uma gama de vocabulário, facilitando sua compreensão.

Podem ser utilizados recursos audiovisuais, tanto para introduzir determinada história ou situação quanto para ilustrar algo que já foi trabalhado anteriormente. O uso de filmes e músicas gravadas é interessante para que as crianças escutem outras pessoas/personagens falando inglês, além do professor. A utilização de figuras também auxilia bastante na compreensão de determinados vocábulos.

À medida que as crianças passam a discriminar o inglês do português e a fazer comentários sobre isso, aproveitamos para conversar sobre as origens do idioma, os países em que é falado, identificando ainda onde ele está presente na vida cotidiana. Evitamos o apelo à televisão e aos produtos massificados, dando preferência a informações e materiais com riqueza e diversidade culturais, ligados às tradições dos países de língua inglesa, como *nursery rhymes*.

O fundamental é que o que se fala em aula é a comunicação real e ativa em inglês, relativa aos fatos vivenciados na prática. A vivência da sonoridade rítmica e melódica da língua inglesa será somada a uma experiência integral, já que ocorrerá pelo brincar e por atividades que englobam movimento, sensorialidade (além da audição e da visão, também o tato, o olfato e o paladar) e a língua.

MATEMÁTICA

Na Jacarandá, as noções matemáticas são trabalhadas com jogos e situações cotidianas, por meio de questionamentos e desafios apresentados pelos professores. Tanto em ocorrências do dia a dia quanto nas atividades planejadas, os alunos deparam com problemas lógicos e matemáticos que precisam resolver: arrumando a mesa para o lanche, combinando as regras de um jogo ou fazendo de conta que estão no supermercado, por exemplo. A partir daí, criam formas de comparar quantidades e estabelecer relações entre objetos e situações.

As DCNEI (Brasil, 2010, p. 25-26) sugerem propiciar experiências que "recriem, em contextos significativos para as crianças, relações quantitativas, medidas, formas e orientações espaçotemporais". Na BNCC (Brasil, 2017, p. 40-41), a matemática faz parte do campo de experiência "Espaços, tempos, quantidades, relações e transformações". O documento indica que "a educação infantil precisa promover experiências nas quais as crianças possam fazer observações, manipular objetos, investigar e explorar seu entorno, levantar hipóteses e consultar fontes de informação para buscar respostas às suas curiosidades e indagações". Porém, alertamos que os conhecimentos matemáticos são de uma ordem diferente dos conhecimentos físicos e socioculturais. De acordo com o que está fartamente fundamentado em estudos construtivistas, os conhecimentos matemáticos não estão presentes no mundo como atributos físicos e naturais, nem somente como informações memorizáveis: são resultado das relações lógico-matemáticas estabelecidas entre os objetos, numa operação mental feita pelo sujeito, que conta tanto com a experiência direta com os objetos como com a possibilidade de fazer abstrações amparadas pela linguagem.

Encher e esvaziar baldes de areia, brincar com caixas de papelão nas quais se pode pôr e tirar objetos e empilhar potes são exemplos de brincadeiras comuns que as crianças fazem e lhes fornecem muitas informações sobre as características físicas dos objetos. Agir sobre e com tais objetos permite à criança estabelecer relações entre eles. Ao brincar livremente ou imitar as ações dos adultos, ela compara, reúne, ordena, separa, corresponde, discrimina. No entanto, sem a mediação do adulto – que vê e nomeia o que a criança faz, validando suas ações e explicitando seu raciocínio –, ela não consegue progredir para além de um nível perceptivo e intuitivo da matemática. A interação com outras crianças é também importante, na medida em que fornece diversos modelos de ação e desestabiliza as construções (mentais e concretas) já feitas, exigindo novas e sucessivas reconstruções.

A brincadeira livre e o momento de guardar brinquedos são ótimas oportunidades diárias para a criança realizar tarefas lógico-matemáticas. Ao disputar um brinquedo, a professora pode sugerir que a criança encontre outro parecido com aquele, ou que pegue o mesmo brinquedo que está disponível, porém com cor diferente; para arrumar o berço do bebê, procura-se algo macio e quentinho, descartando-se outros materiais. As crianças podem misturar objetos e brinquedos bem diferentes na hora de brincar, mas na hora de arrumar eles precisam ser classificados para manter a organização habitual da sala: pratinhos no local da casinha, blocos dentro da caixa, tecidos no cesto, cada boneca numa caminha.

Por volta dos 2 anos, espera-se que a criança comece a restruturar em pensamento o que havia construído em ação motora, como noções de espaço (perto/longe, dentro/fora, em cima/embaixo/ao lado), de tempo (agora/antes/depois, devagar/rápido), de classificação (igual/parecido/diferente), seriação (mais que/menos que) e quantificação (muito/pouco, mais/menos, um, dois e três). Geralmente, nessa idade, os pequenos discriminam os atributos dos objetos e começam a nomeá-los.

Conforme a criança adquire uma linguagem mais elaborada, passa a usar números em suas falas, sem, no entanto, compreender esse conceito. O número é um conhecimento lógico-matemático complexo, construído ao longo dos primeiros sete anos de vida. Por vezes, as crianças aprendem por memorização alguns números significativos (o do apartamento, por exemplo) e aprendem a reconhecer (ler) os numerais – tais conhecimentos devem ser sondados e podem servir como ponto de partida ou de apoio para atividades matemáticas.

A contagem faz parte do nosso cotidiano e o professor, sempre que precisar fazê-la, pode compartilhar esse momento com as crianças, contando em voz alta. A regularidade da sequência numérica e sua utilização constante facilitam a memorização dos números e a noção de que tais palavras se chamam números e servem para contar. Isso ainda não compõe o

Infância, liberdade e acolhimento

conceito de número, mas é o início de uma noção numérica. Por exemplo: a criança pode já imitar o gesto de contar, mas ainda recitar os números fora de ordem.

A roda de música também é uma oportunidade de transmitir informações sobre a sequência numérica, por meio de canções e parlendas que contêm números, como "A galinha do vizinho", "A pulga" (Vinícius de Moraes), "Um elefante dependurado" e "Cinco patinhos", entre outras.

Além das situações cotidianas e não planejadas, os professores têm de prever momentos da rotina em que a contagem seja significativa, a fim de que haja certa constância dessa experiência: contar quantas crianças vieram, na roda inicial; contar o número de pratos para colocar a mesa do lanche; contar as frutas repetidas do lanche; contar os sapatos que foram retirados na hora do pátio; contar as peças de um jogo para conferi-las no final etc.

Determinadas quantidades – em geral pequenas – são importantes na aprendizagem social e podem ser apreendidas sensorialmente: pegar uma (bolacha) de cada vez, pegar um (livro) de cada vez; utilizar somente duas folhas de papel-toalha para secar as mãos; lavar as duas mãos; dar um pedaço para o amigo; contar "1, 2 e já"!

Os numerais estão presentes também em diversos brinquedos, objetos e locais e podem ser lidos e nomeados para as crianças. Ao colocar a data nos desenhos ou trabalhos gráficos/plásticos, a professora também precisa contar às crianças o que escreveu, do modo como usamos no dia a dia: "Hoje é dia quatro de setembro, que é o mês nove: quatro do nove".

Outra situação recorrente na vida das crianças e na escola são os aniversários – os numerais entram na data da festa e na idade do aniversariante. Em um grupo com aniversariantes de 3 e de 4 anos, por exemplo, esses números serão bem significativos, caso sejam valorizados (escrever na lousa ou num cartaz a idade do aniversariante, ensinar como se mostra com os dedos, colocar o número correspondente de velinhas num bolo de areia etc.).

Nos Grupos 4 e 5, mesmo antes de construir o conceito de número as crianças já criam hipóteses a respeito de como eles são escritos e lidam com grandes quantidades ou com unidades de medida diversas – "Meu foguete voa a trezentos milhões de quilômetros por hora"; "Minha tia é bem velha, deve ter uns 29 anos"; "Esta caixa está bem pesada, tem mil quilos". Conversar sobre essas unidades de medida e convidá-las a tentar registrar por meio de grafismos ou da escrita as experiências cotidianas promovem reflexão a respeito dos conteúdos matemáticos, o que incentiva avanços nessa construção. Partindo de uma história, por exemplo, pode-se criar um longo jogo de trilha ou um castelo com muitos quartos, de forma que as crianças contem oralmente e vejam por escrito números até cem ou mais. Esse tipo de atividade concretiza a regularidade em que os números se repetem e mostra como se passa à dezena seguinte.

Todas as brincadeiras, atividades e situações matemáticas podem ser registradas de diferentes maneiras. Criar pequenos textos coletivamente, usando as próprias falas das crianças para explicar o que fizeram, é importante para que os pequenos se apropriem da linguagem que descreve atributos e relações lógicas entre os objetos.

As construções mentais necessárias à elaboração da noção de número são tarefa pessoal e intransferível e não podem ser ensinadas – o nome de cada numeral é um conhecimento social transmitido, mas o raciocínio que permite a alguém diferenciar quantidades precisa ser construído de modo individual. Esses processos só ocorrem num meio afetivo, em que existam desafios que desequilibrem os esquemas mentais já conquistados para que estes atinjam níveis mais complexos.

A ROTINA

A organização temporal tem um aspecto matemático e contribui especialmente para a noção de sequência e de inclusão de classes.

Para as crianças bem pequenas, até o Grupo 2, uma rotina estável, que tenha momentos que se repetem diariamente – como roda de música, roda de história e lanche –, dá aos pequenos segurança em relação à passagem do tempo. No Grupo 2, dependendo da dinâmica da turma e da avaliação da professora, já é possível montar, com fotos ou ilustrações, a sequência dos acontecimentos do dia. Além disso, rituais como a chamada ou a escolha dos ajudantes permitem conversar sobre o que aconteceu ontem, o que está acontecendo agora, o que vamos fazer hoje ou amanhã.

No Grupo 3, a rotina já é mais estruturada e, além da sequência de atividades e momentos do dia, pode-se trabalhar com a rotina semanal e as noções de manhã/tarde/noite. Um quadro de rotina semanal demanda a diferenciação dia/semana, o número de dias da semana, a ordem em que se sucedem e a própria rotina diferenciada de cada dia. A identificação de "que dia é hoje" é uma atividade que se repete e dá referência de tempo importante.

O calendário semanal pode conter referências fixas, como aulas dos especialistas, sábados e domingos, ganhando a cada semana novas marcações ligadas ao planejamento do grupo. Por exemplo, o aniversário de uma criança, o dia que em que cozinharemos uma receita especial ou faremos um passeio.

Também é importante avaliar quando introduzir o calendário mensal, que traz a sequência numérica de 1 a 31 e no qual podem ser incluídos acontecimentos significativos para as crianças.

CLASSIFICAÇÃO E REPRODUÇÃO DE MODELOS

Uma vez observado que a criança já seleciona objetos parecidos espontaneamente, a professora pode aproveitar momentos em que ela esteja brincando sozinha ou propor uma brincadeira: diante de alguns objetos (blocos de madeira, sucata, brinquedos diversos), pede-se que a criança separe o que combina, colocando lado a lado os que são parecidos. Nesse momento, costuma aparecer o que Piaget chamou de coleções figurais: ao juntar determinadas peças segundo um critério (por exemplo, a cor), no decorrer da ação a criança acaba por formar uma figura (um trem, uma casa) ou uma composição, deixando de lado a solicitação do adulto. A professora pergunta o que a criança fez, por que separou daquela forma, a fim de incentivá-la a verbalizar o que pensou. De início, a resposta costuma ser "porque sim" ou "porque eu quis", mas aos poucos os pequenos evoluem para uma maior conscientização do critério usado ("porque são vermelhos", "porque todos são de comidinha", "porque têm roda"). A professora também pode questionar se o aluno poderia acrescentar determinado objeto à coleção, se ele também ia combinar.

Às vezes a criança faz determinada classificação e não sabe nomear o critério usado, por exemplo: "Todos têm essa pontinha"; cabe ao educador acolher essa manifestação e nomeá-la: "Isso mesmo, essas formas com três pontinhas chamam-se triângulos". Os nomes são convenções sociais e precisam ser aprendidos por transmissão cultural, não podendo ser adivinhados – nem precisam de tradução para uma "língua infantilizada" (devemos usar o nome correto dos objetos e seus atributos).

A partir do Grupo 3, algumas crianças já são capazes de classificar por critérios de cor, tamanho e forma. Nessa fase, elas costumam fazer também coleções não figurais, ou seja, agrupamentos de objetos com atributos em comum, identificados pela criança, e a consequente elaboração de classes: frutas, animais, brinquedos, objetos de plástico, números. A professora pode então aumentar os desafios, por exemplo, com blocos lógicos, restringindo os critérios mais usados – "Agora não vale mais separar por cores". Brincadeiras como "saco surpresa", nas quais a criança precisa adivinhar qual é o objeto com base na descrição de um colega ou da professora, também a convidam a refletir sobre os atributos dos objetos. É possível, ainda, formar arranjos com figuras, peças de jogos ou objetos e pedir para o aluno descobrir o critério de separação.

Infância, liberdade e acolhimento

As crianças fazem construções espontaneamente, utilizando blocos de madeira, encaixes plásticos, sucata, no pátio ou na sala. A professora pode construir arranjos simples e pedir que façam um parecido com o dela, ou sugerir que façam um como o do colega. A fim de reproduzir arranjos – um palito ao lado do outro, blocos de uma só cor empilhados, figuras formadas por formas geométricas –, a criança precisa comparar formas, posições, cores, ângulos. Espera-se que apareçam muitas inversões, que não devem ser corrigidas: a professora pergunta se o que a criança fez está parecido e se quer mudar alguma coisa, para que aos poucos ela aprimore sua capacidade de observação e de fazer relações lógicas. Esse tipo de atividade deve começar com um número reduzido de peças (três a cinco), devendo o modelo estar à frente da criança. Conforme esta evolui, o professor acrescenta peças e aumenta o desafio.

Além de reproduzir um modelo tal qual foi apresentado, um desafio importante é dar continuidade a uma sequência de elementos. Os professores apresentam, por exemplo, uma fileira de blocos alternando as cores verde e vermelho e pedem que a criança continue a sequência. O mesmo pode ser feito com elementos diversos: etiquetas com diferentes formatos ou cores, desenhos, blocos de madeira, palitos diversos, contas ou macarrão colorido para formar um colar. Uma brincadeira que une o raciocínio da sequência com o esquema corporal é produzir e seguir uma sequência feita com as crianças do grupo em diferentes posições (em pé/sentadas/agachadas/de pernas abertas/com braços cruzados). Começa-se com dois elementos e, gradualmente, o desafio aumenta com três ou mais elementos, que possibilitam diferentes combinações.

Nas brincadeiras também surge a necessidade ou a possibilidade de seriação, ou seja, de ordenar determinados elementos de mesmo tipo numa sequência crescente ou decrescente relativa à grandeza de algum de seus atributos. Os primeiros atributos a ser considerados são tamanho, altura, largura e comprimento. Peso, volume e tonalidade também são seriáveis, porém mais complexos para comparação.

Nas salas sempre há potes e encaixes seriáveis e, após um tempo de exploração livre, os professores podem propor à criança que coloque um ao lado do outro, do menor para o maior, ou vice-versa; que empilhe um sobre o outro, começando pelo maior e terminando com o menor; que faça uma escada. Desafios devem ser lançados sempre que a criança já estiver segura daquilo que fez: retira-se antes uma das peças e, depois de feita a seriação, pergunta-se à criança onde ela se encaixa; pede-se a ela que aponte o mais alto ou o menos largo das peças da série; faz-se a seriação a distância, ou seja, as peças ficam de um lado da sala e a torre ou sequência será montada do outro lado.

COLEÇÕES

Sequências e projetos didáticos ligados a coleções são muito ricos para atividades de classificação, pois dentro de uma classe de objetos, como tampas ou borrachas, há subclasses variadas, que possibilitam às crianças formular reflexões diversas a respeito da inclusão de classes. De início, a criança pode separar as tampas por cor, mas seu arranjo pode ser comparado ao de uma criança que separou as tampas por tamanho, o que permite a ambas constatar que uma mesma tampa pode estar ao mesmo tempo na classe dos azuis e dos pequenos, ou que uma borracha pequena e azul também pode ser inserida na classe de borrachas retangulares.

O grau de complexidade cresce com a variação de materiais e a quantidade de peças de uma coleção; por isso, é possível planejar coleções nos Grupos 3, 4 e 5, aumentando desafios e desdobrando diferentes atividades com o mesmo material. Montar uma exposição da coleção de pedras, em que as crianças sejam convidadas a criar legendas explicativas, ou construir um álbum de figurinhas no qual elas tenham de classificar os cromos permite que façam uma série de operações mentais importantes para o conceito de número.

JOGOS

O jogo demanda regras compartilhadas entre duas ou mais pessoas e um objetivo comum a atingir. Na educação infantil, selecionamos jogos que envolvam ações e conceitos acessíveis às crianças, já conhecidos pela maioria do grupo (por exemplo, empilhar e reconhecer cores), mas com alguma "novidade", para torná-los desafiadores e enriquecedores.

Infância, liberdade e acolhimento

Costumamos introduzir os jogos a partir dos 2 anos. Eles devem ser bem simples e não podem implicar competição: todos participam e o objetivo é concluir o jogo (e não saber quem ganhou), pois as crianças são ainda extremamente egocêntricas e o foco deve estar na resolução do desafio. A fantasia está muito presente e os pequenos podem ficar realmente magoados se, por exemplo, forem "pegos pelo gigante" ou "perderem a toca". Conforme vão adquirindo experiência em jogos, a necessidade das regras "tradicionais" impõe-se e surgem sugestões para deixar a brincadeira mais difícil.

O dominó – tradicional, acessível e muito utilizado em diversas comunidades – oferece inúmeras possibilidades também às crianças pequenas. No dominó de figuras, trabalha-se a equivalência ou identidade de figuras, a regra de "um de cada vez", o número de peças para cada criança, o zero (acabou/sem nenhuma peça), a comparação de quantidades (muitas/poucas peças). No jogo da memória, esses aspectos também aparecem, além da noção de "par". As figuras presentes em ambos os jogos também podem ser mais ou menos complexas, envolvendo inclusive conceitos matemáticos, como formas geométricas ou metades.

Conforme as crianças avançam no domínio dos jogos, passam a criar estratégias para conseguir melhores resultados.

Geralmente, a partir dos 4 anos, as crianças começam a aprender que em certos jogos há um vencedor. O foco dos professores não deve ser a competição, mas o empenho de cada um – a alegria ao vencer, porém, é legítima, devendo ser compartilhada por todos; ela motiva o grupo a se dedicar mais na próxima vez. Como as capacidades individuais são diferentes, é preciso variar os jogos e os subgrupos ou duplas, a fim de que todos experimentem a vitória e a derrota.

Com o tempo, os professores podem apresentar jogos mais elaborados: dominó comum, baralho, jogos de tabuleiro, trilha ou percurso. As regras tradicionais podem ser transformadas, sempre com a concordância de todos, para que os desafios do jogo fiquem mais complexos. Por exemplo, "Agora vamos colocar as garrafas do boliche mais longe para ficar mais difícil", "Agora vamos começar a marcar os pontos de cada um na tabela", "Agora vamos usar mais um dado na trilha".

Os quebra-cabeças exigem ações de classificação de peças, comparação de cores, formas e figuras e relação parte-todo. De acordo com o número de peças, o tamanho e o material, podem ser oferecidos a crianças a partir de 2 anos. Também podem ser enfrentados como um problema, para o qual é necessário criar estratégias de solução (começar pelas bordas ou usar a figura inteira presente na caixa como referência).

ESPAÇO E FORMA

> [...] em um primeiro momento, a criança conhece o espaço sobretudo através do movimento, e noções como proximidade, separação, vizinhança, continuidade organizam-se em uma relação de pares de oposição (parecido/diferente, parte/todo, dentro/fora, pequeno/grande) de acordo com as explorações corporais que ela faz. É possível afirmar que a geometria pode ser vista como imagens que se percebem através dos movimentos; portanto, a primeira geometria é constituída pelo corpo. (Smole, Diniz e Cândido, 2003, p. 25)

As atividades corporais são imprescindíveis para aprender as noções de espaço e forma, fundamentos da geometria. Todas as atividades e brincadeiras da área de movimento, portanto, contribuirão para o aprendizado matemático.

O espaço da sala, durante os momentos de brincadeira, deve ser suficientemente móvel para permitir diferentes vivências espaciais: a mesa para correr em volta, passar por baixo ou por cima; o cubo vazado em diferentes posições; as mesas encostadas em uma das paredes ou dispostas a fim de dividir a sala em duas; cortinas que criam cantos exclusivos. Uma brincadeira muito apreciada pelas crianças, desde os 2 anos, é a ordenação das cadeiras, o que constitui um disparador para brincar de carro, ônibus, trem, plateia de teatro etc.

A roda de conversa, música ou história, se de fato for organizada como círculo ou elipse, serve como referência espacial, assim como brincar de roda, girando de mãos dadas.

As formas aparecem nos objetos do cotidiano e nos jogos de encaixe e blocos de construção. Vale insistir para que a professora use os nomes corretos das formas, sem inventar denominações que pareçam mais "fáceis" para os pequenos. As primeiras formas a ser reconhecidas e identificadas são aquelas com diferenças mais marcantes entre si: o círculo, o quadrado e o triângulo.

Em geral, a partir do Grupo 3, iniciamos um trabalho mais sistemático com a geometria. Os professores descrevem algumas formas e depois incentivam que as crianças também o façam, criando jogos com isso. Exemplos: "seu mestre mandou" (pegar uma peça azul/uma peça fina com quatro lados iguais/uma peça amarela e redonda etc.); "sopa de pedras"[8]; manipular uma figura com os olhos vendados e descrevê-la ou achar outra igual e nomeá-la. Esse trabalho também deve ser feito com os sólidos geométricos – inicialmente com cubos e esferas – para que as crianças manipulem, comparem, descrevam, encontrem objetos semelhantes, descubram suas características ao empilhar, rolar, carimbar, reproduzir pelo desenho ou pela modelagem.

As atividades de artes proporcionam diferentes situações ligadas à geometria. Consideramos que, ao produzir um desenho, uma pintura, uma colagem, modelagem, escultura ou dobradura, o objetivo principal é a criação artística; porém, a experiência em si envolve a manipulação e a produção de figuras e formas.

MEDIDAS

Vários projetos ou sequências didáticas podem contemplar de maneira significativa os conhecimentos sobre medidas. Por exemplo, a comparação de altura de cada criança da turma, o número do sapato, a distância que cada aluno é capaz de saltar, bem como a quantidade de cada ingrediente de uma receita culinária. Essas e muitas outras atividades permitem que os pequenos entrem em contato com unidades de medida e encontrem maneiras de compará-las empiricamente, registrando-as por meio de desenhos. Para quantificar as grandezas que interessam às crianças, os professores também podem utilizar unidades menos convencionais, como palmos, barbantes e colheres.

---

8   Veja boas sugestões em Smole, Diniz e Cândido, 2003.

CIÊNCIAS HUMANAS

Toda ação educativa está fundamentada em uma concepção de homem e de sociedade, mesmo que de modo implícito. Fazemos parte de uma sociedade regrada e letrada, com um corpo de conhecimentos já constituído e um repertório sócio-histórico-cultural, e a todo momento lidamos com conteúdos sociais. Transmitimos, consciente e intencionalmente ou não, o modo de viver, falar e pensar de nossos pares, e não um modo "natural" e "espontâneo", tampouco um que possa ser considerado por nós "o certo" ou "o único bom".

A postura dos professores e o que é dito às crianças refletem seu modo de encarar o mundo, o que servirá de referência para o aluno. Por isso, é fundamental que cada educador reflita sobre todo e qualquer conteúdo que integra seu dia a dia escolar, adquirindo consciência do que transmite aos alunos e agindo com coerência com o projeto pedagógico da escola.

O RCNEI (Brasil, 1998, v. 3, p. 172-73) traz uma área chamada de Natureza e Sociedade, a qual prioriza o modo como as crianças constroem conhecimento – sobre os fenômenos tanto naturais quanto sociais:

> As crianças devem, desde pequenas, ser instigadas a observar fenômenos, relatar acontecimentos, formular hipóteses, prever resultados para experimentos, conhecer diferentes contextos históricos e sociais, tentar localizá-los no espaço e no tempo. Podem também trocar ideias e informações, debatê-las, confrontá-las, distingui-las e representá-las, aprendendo, aos poucos, como se produz um conhecimento novo ou por que as ideias mudam ou permanecem.
> Contudo, o professor precisa ter claro que esses domínios e conhecimentos não se consolidam nesta etapa educacional.

Saber observar e estabelecer relações entre fatos e fenômenos, verbalizar ideias e fazer perguntas, identificar fontes e metodologias de pesquisa são aprendizagens fundamentais e mais importantes do que as informações que

Infância, liberdade e acolhimento

as crianças possam adquirir nesse período da educação infantil. Porém, os conteúdos estão invariavelmente presentes e os professores precisam pensar sobre eles. No eixo que chamamos de Ciências Humanas, abordamos sobretudo conteúdos que se referem ao âmbito da História e da Geografia.

HISTÓRIA

A História é uma área de conhecimento complexa, que parece totalmente distante da educação infantil, a não ser pelas histórias que contamos. Percebemos, porém, que a criança pequena demonstra grande interesse por tudo que é relacionado à própria existência (o seu berço, o brinquedo que ganhou no aniversário, as fotos de quando era bebê) e à dos outros (o que aconteceu com Fulano? Onde é a casa dele? Por que ele fez isso?), além de adorarem ouvir histórias em geral.

Mas como diferenciar as histórias da literatura ou da tradição oral daquela elaborada pelos historiadores?

Quando o historiador estuda documentos de um tempo passado, busca reconstruir uma cena que se perdeu e une suas hipóteses às provas materiais que fornecem dados objetivos, tentando articular tudo num conjunto coerente. Sempre há, portanto, uma dose de imaginação e uma maneira não neutra de contar o que aconteceu: o homem cria a história segundo seu ponto de vista e os conhecimentos disponíveis da época em que vive. A história de uma guerra, por exemplo, é feita de vários relatos, que se modificam ao longo do tempo, divergem ou convergem conforme os autores (e sua ideologia, sua formação, sua época), os materiais pesquisados, os objetivos almejados ou os interesses que permeiam qualquer ciência.

A história é narração e, por mais científico que seja o método pelo qual ela foi elaborada, sempre fornece determinada versão sobre os fatos – ou seja, também contém certa dose de ficção.

O que mais tem uma história?

- tempo: quando ocorreu em relação ao tempo presente;
- lugar, cenário, ambientação;
- enredo, começo/meio/fim, introdução/conflito/clímax/resolução;
- personagens;
- representação/registro (escrita documental, oral, visual, dramática, plástica, material).

O TEMPO
Percebemos a vida como uma sucessão de experiências que poderia ser representada por uma linha, em que há fatos que já ocorreram, fatos que estão acontecendo e fatos que vão ou podem ocorrer. Para tanto, usamos como referência fenômenos da natureza, como a alternância do dia e da noite ou o movimento das estrelas. Ao longo dessa linha, há elementos que se transformam, enquanto outros permanecem iguais – talvez a noção central da concepção de tempo.

A noção de tempo demanda raciocínio lógico operatório e participa tanto da área de Natureza e Sociedade quanto da de Matemática.

> O tempo é uma grandeza mensurável que requer mais do que a comparação entre dois objetos e exige relações de outra natureza. Ou seja, utiliza-se de pontos

de referência e do encadeamento de várias relações, como dia e noite; manhã, tarde e noite; os dias da semana; os meses; o ano etc.; presente, passado e futuro; antes, agora e depois são noções que auxiliam a estruturação do pensamento. O uso dos calendários e a observação de suas características e regularidades (sete dias por semana, a quantidade de dias em cada mês etc.) permitem marcar o tempo que falta para alguma festa, prever a data de um passeio, localizar as datas de aniversários das crianças, marcar as fases da lua. (RCNEI, 1998, v. 3, p. 227-28)

A passagem do tempo é registrada mentalmente com base em nossa percepção de mudança – antes, assim; agora, assado –, de causalidade e de encadeamento de fatos pela repetição e pela rotina, o que permite uma antecipação: ouço a voz da minha mãe no portão da escola e já corro para pegar minha mochila e ir embora. Quando os acontecimentos e experiências passadas são retomados e ressignificados pela linguagem, tornam-se história.

Na escola, são utilizadas diversas estratégias para registrar os elementos mais importantes da vivência de uma criança ou de um grupo, construindo uma história compartilhada. Um exemplo disso é o "livrão" dos Grupos 1 e 2, que traz cenas do cotidiano de cada aluno ao longo do ano escolar. A história de cada dia, semana ou mês pode ser planejada e representada por meio de figuras, como explicamos no quadro sobre a rotina no tópico "Matemática".

O LUGAR E A GEOGRAFIA

Assim como o tempo, a noção de localização também abarca aspectos de raciocínio lógico-matemático e dimensões subjetivas. Pela imaginação e pelo pensamento, é possível viajar para tempos e locais distantes.

É na determinação de onde ocorreu cada história e de como os homens relacionavam-se com seu ambiente que percebemos a articulação da História com a Geografia. Ao conhecer costumes típicos de um povo, podemos atentar para o lugar onde vive, que recursos naturais tem à disposição, que mudanças climáticas enfrenta etc. Não é o meio que determina o homem: ambos se influenciam mutuamente. As paisagens e suas transformações, o clima e a vegetação, os rios e montanhas são apenas elementos perceptíveis de um complexo de relações sociais, econômicas, políticas, culturais e ambientais. Assim, os professores, desde a educação infantil, não podem lidar com tais conteúdos de modo ingênuo, como se fossem dados de uma realidade puramente natural. No entanto, nessa primeira etapa da escolarização, a experiência – pelo contato direto com diferentes lugares ou pela brincadeira – é mais importante do que um trabalho intelectual com os conceitos.

Na educação infantil, as referências de lugar (cidade, região, país, continente) possivelmente permanecerão vagas, palavras serão associadas a determinadas imagens e sensações, pois a noção de espaço é complexa e a criança mal consegue diferenciar adequadamente em cima-embaixo, direita-esquerda, frente-trás, a não ser em situações muito conhecidas e concretas. Por isso é importante carregar de significados essas referências, dando-lhes vida e colorido, para que embasem novas aprendizagens.

Por exemplo: ao explicar que certo lugar fica muito longe de nossa cidade, podemos citar a distância em quilômetros e dizer que isso é "muito, muuuito longe", que precisaríamos viajar tantos dias inteiros de carro até chegar lá. Ao falar sobre outro país, é válido mostrá-lo no mapa ou no globo; porém, uma ambientação com música, imagens, objetos e até pratos típicos levará a uma experiência sensorial muito mais rica e divertida. Esse tipo de atividade, em clima de brincadeira, será lembrado por mais tempo e relacionado a outras informações mais facilmente do que se esses dados fossem transmitidos apenas de forma oral.

A HISTÓRIA DE CADA UM E A HISTÓRIA DE TODOS

Cada um tem sua história, que pode ser contada por várias pessoas: o pai, a mãe, a avó, a tia, o irmão, um colega, a companheira, um escritor e outros, além de si mesmo. Nossas histórias são diferentes umas das outras, porém não acontecem de modo isolado. Estão ligadas ao grupo social a que pertencemos, ao lugar e ao tempo em que vivemos e ao nosso modo de vida; enfim, relacionam-se à cultura da qual fazemos parte.

Infância, liberdade e acolhimento

Comparar as diferentes histórias de vida de uma turma ressalta semelhanças e diferenças que indicam, ao mesmo tempo, a singularidade de cada um e a identidade social.

Na educação infantil, quando o professor apresenta uma pintura e identifica seu autor, contando onde e quando ele viveu, está trabalhando com um conteúdo histórico e precisa estar ciente de como apresentar as informações, priorizando a história do cotidiano, que tem aspectos mais próximos da vida dos alunos – o que lhes permite estabelecer comparações e relações diversas. Quando outra sociedade é apresentada (os guaranis, os gregos, os esquimós, os iorubás), mesmo que não seja tema de nenhum projeto, é importante localizá-la no tempo e no espaço sem perder a sua dimensão cultural.

O educador deve aproveitar os materiais e fatos do cotidiano, bem como as observações e perguntas das crianças, para criar oportunidades significativas de ampliar as noções culturais e temporais dos alunos, cultivar sua curiosidade e ensiná-los, aos poucos, a ler o mundo de forma mais ampla.

Nessa concepção, fica clara a importância das ciências humanas no ensino, pois a interação social acontece desde que a criança nasce, momento em que "mergulha" na cultura por meio da convivência com seus familiares e cuidadores. Cabe ao professor ajudá-la a se apropriar dos conteúdos, crenças e valores de sua sociedade. Assim, na educação infantil, contar histórias é uma das atividades mais privilegiadas.

Para tal, já seria necessária uma escolha intencional por parte do professor: que história vou contar? Escrita por quem? O que ela explicita? É fictícia ou baseada em fatos reais? É a história de alguém que conhecemos? Que ensinamentos e imagens transmitirei por meio dela? Como e quando vou contá-la?

Além das histórias, o professor selecionará os conteúdos mais adequados para seu grupo, preferencialmente aqueles relacionados às vivências cotidianas das crianças (rotina escolar, festas de aniversário ou da comunidade) e aos temas que mobilizam o grupo no momento (por exemplo: a um grupo interessado em brincadeiras de super-heróis, a professora pode contar histórias de outros heróis ainda desconhecidos, como os da mitologia grega; a um grupo que só quer brincar de fazer comidinha, recolher receitas que são comumente feitas na casa de cada um ou convidar as avós para ensinar um prato típico).

Vejamos o que dizem as Diretrizes Curriculares para a Educação Infantil sobre o tema (Brasil, 2010, p. 21):

> As propostas pedagógicas das instituições de Educação Infantil deverão prever condições para o trabalho coletivo e para a organização de materiais, espaços e tempos que assegurem o reconhecimento, a valorização, o respeito e a interação das crianças com as histórias e as culturas africanas, afro-brasileiras, bem como o combate ao racismo e à discriminação.

Consideramos esse direcionamento fundamental na formação social e ética das crianças, pois fornece um guia para a escolha de temas e histórias, mas valorizamos também a abordagem das múltiplas culturas indígenas presentes no Brasil.

As palavras de Daniel Munduruku (2000) sintetizam o que queremos ensinar às crianças e mostram a importância de incluir a história na rotina escolar de forma afetiva, simples e humana:

> É preciso trazer a figura dos antepassados para dentro da escola. Trazer suas histórias, seus comprometimentos, suas angústias, sua humanidade. É preciso fazer que nossas crianças possam buscar a riqueza dos ancestrais, dos avós, dos bisavós. [...] não como saudade de um tempo que já se foi, mas para dar sentido ao presente [...]. (p. 16)
> [...] é na escola que a criança e o adolescente aprendem as regras sociais, os comportamentos desejados. É ali, também, que formamos a imagem do mundo. [...] Se na escola tivermos referências positivas sobre outras culturas, certamente desenvolveremos ideias positivas dessas culturas. Se, ao contrário, nos forem passadas informações que criam em nós imagens negativas, fatalmente cresceremos com imagens negativas, preconceituosas e discriminatórias em relação ao outro. (p. 23-24)

Infância, liberdade e acolhimento

O RCNEI (Brasil, 1998, v. 3, p. 177) propõe que os conteúdos dessa área, assim como os de ciências naturais, sejam trabalhados nas atividades cotidianas das crianças, principalmente até os 3 anos: elas devem participar de "atividades que envolvam histórias, brincadeiras, jogos e canções que digam respeito às tradições culturais de sua comunidade e de outros grupos". De 4 a 6 anos, embora os conteúdos continuem a ser trabalhados de forma integrada, aprofundam-se e se ampliam, podendo ser organizadas atividades por blocos de conteúdo (organização dos grupos e seu modo de ser, viver e trabalhar, os lugares e suas paisagens), bem como atividades permanentes, sequências de atividades ou projetos.

De acordo com a BNCC (Brasil, 2017, p. 36),

> na educação infantil, é preciso criar oportunidades para que as crianças entrem em contato com outros grupos sociais e culturais, outros modos de vida, diferentes atitudes, técnicas e rituais de cuidados pessoais e do grupo, costumes, celebrações e narrativas. Nessas experiências, elas podem ampliar o modo de perceber a si mesmas e ao outro, valorizar sua identidade, respeitar os outros e reconhecer as diferenças que nos constituem como seres humanos.

O registro faz-se necessário para que cada produção seja retomada, relembrada, recontada, questionada, ampliada. Qualquer história só pode ser elaborada e contada e recontada porque existem registros do tempo que passou: relatos mnemônicos, orais, escritos, pictóricos, que podem ser compartilhados e levar adiante as informações e vivências de uma época.

O registro, portanto, não é obrigatoriamente escrito: uma história pode ser representada de várias formas: material (por meio de objetos), pictórica (imagens, ilustrações, desenhos, colagens, fotos, pinturas etc.), sonora (voz, músicas, gravações) e escrita, assim como por todas essas formas combinadas.

CORPO E MOVIMENTO

Na educação infantil, a brincadeira e o movimento precisam ser privilegiados. Além de momentos de brincadeira livre, nos quais as crianças podem explorar a própria capacidade com diversos materiais, equipamentos e espaços oferecidos, também são resgatados brincadeiras infantis tradicionais e jogos com movimentos coordenados. As atividades que envolvem movimento estão diretamente ligadas a noções de tempo e de espaço – conectando-se, por meio desses dois elementos, às atividades de música e de matemática. Por exemplo: o caminhar pela sala pode seguir um ritmo acelerado ou lento (com uma música ao fundo), ou seguir um percurso em linha reta ou circular.

A área de corpo e movimento diz respeito a um aspecto do desenvolvimento que, na primeira infância, está inter-relacionado com outros temas de forma inseparável.

> O movimento para a criança pequena significa muito mais do que mexer partes do corpo ou deslocar-se no espaço. A criança se expressa e se comunica por meio dos gestos e das mímicas faciais e interage utilizando fortemente o apoio do corpo. A dimensão corporal integra-se ao conjunto da atividade da criança. O ato motor faz-se presente em suas funções expressiva, instrumental ou de sustentação às posturas e aos gestos. (Brasil, 1998, v. 3, p. 18)

Além dos aspectos estritamente físicos, todas as atividades a ela relacionadas devem ter por objetivo que as crianças conheçam o próprio corpo, suas possibilidades e limites de movimento, construam uma autoimagem positiva e estabeleçam uma relação saudável com os outros e com o ambiente.

Para Levin (1997), quando o adulto promove condições favoráveis para o desenvolvimento psicomotor da criança, ela se apropria do próprio corpo, criando um estilo próprio de andar, falar, brincar etc. Torna-se, assim, sujeito de suas ações.

Muitos movimentos realizados são parte de atividades e brincadeiras já presentes em outras áreas, como imitar ou representar personagens de uma

Infância, liberdade e acolhimento

história, pintar com pincel, jogar boliche, brincar de roda, sovar massa de pão. Em geral, não é preciso planejar atividades muito elaboradas, que poderiam mobilizar o corpo de modo artificial, compartimentado (exemplo: "aula" sobre os pés), ou exigir que os professores polivalentes realizem pesquisas específicas. Basta olhar para o aspecto motor das brincadeiras e dos jogos infantis realizados, avaliar se precisam de mais diversidade ou frequência na rotina e oferecer um ambiente rico em possibilidades de movimento. Introduzir uma corda ou pequenos tocos de madeira no pátio, por exemplo, tem um grande efeito no modo como as crianças brincam com o corpo e o usam, assim como disponibilizar em sala tapetinhos (com proteção antiderrapante), almofadas, espelhos, brinquedos de puxar ou empurrar etc.

De modo didático, os conteúdos relativos a essa área são separados em três blocos: movimentos básicos (rolar, rastejar, engatinhar, andar, pular, correr); expressão corporal (movimentos espontâneos, dança, mímica); e coordenação motora fina (movimentos com mãos e dedos, uso de lápis, pincel, tesoura, manuseio de agulha e linha/lã, rasgadura de papéis).

Além desses blocos relativos às ações em si, foram levantados de maneira bastante genérica conteúdos relacionados a atitudes e valores e também a conceitos. Como atitudes e valores, podemos destacar: divertimento com o próprio movimento; prazer na atividade física; valorização das próprias realizações e das realizações alheias, respeitando-se as diferenças; ações cooperativas e aceitação de auxílio do outro; e cuidados consigo mesmo. Como as crianças devem ser respeitadas em suas diferenças, não visamos que todos realizem os mesmos movimentos com a mesma habilidade e destreza. É importante que todos sejam encorajados e valorizados em suas realizações.

Já os conteúdos conceituais estão ligados a: noções de espaço (perto, longe, por/para cima, por/para baixo, em fila, dentro, fora); noções de tempo (rápido, lento); partes do corpo (nomenclatura, identificação, consciência, imagem corporal); e nomenclatura de movimentos e materiais específicos.

Assim, quando o educador propõe uma brincadeira corporal, precisa estar ciente de que a atividade vai muito além de as crianças compreenderem e repetirem o que está sendo ensinado. Do mesmo modo, ao sugerir atividades de outras áreas ou acompanhar a brincadeira livre, ele deve estar atento aos aspectos físicos, pois a criança, em tudo que faz – enquanto brinca, aprende, se relaciona com o outro –, age com o corpo, põe-se em movimento, exercita suas habilidades e enfrenta desafios.

Na Jacarandá, por volta de 3 anos (Grupo 3), os alunos têm uma aula semanal de Educação Corporal com professor de Educação Física. Trata-se de um momento de atividades e brincadeiras corporais, acompanhadas de recursos que possibilitem à criança descobrir e desenvolver as possibilidades e os limites de seu corpo sob o olhar e a coordenação de um profissional especializado em movimento.

Os professores de sala e o especialista trocam informações, reflexões e avaliações sobre os alunos, possibilitando também que jogos e atividades realizadas por uns sejam aproveitados e continuados por outros. Como a criança está sempre em movimento, as atividades em classe precisam necessariamente levar isso em conta.

Insistimos em que os professores da educação infantil modifiquem suas expectativas, substituindo as admoestações para a criança ficar quieta e parada por incentivos ao brincar, à exploração ativa e à criação. Ao propor uma roda de conversa, por exemplo, o professor pode iniciar com uma brincadeira que envolva percussão corporal e alternância de postura (duro ou mole), que cria uma preparação para o momento seguinte, quando se espera que as crianças fiquem em silêncio para escutar umas às outras.

Infelizmente, hoje se utilizam critérios comportamentais para diagnosticar Transtorno de Déficit de Atenção/Hiperatividade e outros distúrbios mentais; muitas vezes, é o próprio professor que realiza essa "avaliação". Vejamos alguns critérios de um teste-padrão[9] comumente utilizado:

1. Move de modo incessante pés e mãos e/ou se remexe na cadeira.
2. Frequentemente abandona sua cadeira em sala de aula ou em outras situações nas quais se espera que permaneça sentado.
3. Com frequência corre ou escala móveis em demasia, em situações nas quais isto é inapropriado [...].
4. Tem dificuldade de brincar ou se envolver silenciosamente em atividades de lazer, como jogos, por exemplo.
5. Parece ser movido por um motor elétrico, sempre "a todo vapor, a mil por hora".
6. Frequentemente fala em demasia.

Ora, dificilmente um aluno de 3 anos para quieto na cadeira ou brinca em silêncio! Uma criança saudável se movimenta, vai atrás daquilo que lhe interessa. Na primeira infância, as propostas de atividade devem não só permitir como incentivar o movimento, pois seu corpo está em formação e crescimento e "pede" ação, exercício. Se a rotina escolar exige longos períodos de imobilidade, a ansiedade e a frustração das crianças tendem a aumentar e "explodir" em situações que podem ser interpretadas como mau comportamento ou hiperatividade. Assim, o professor deve sempre levar em conta que as crianças pequenas precisam se movimentar para aprender.

---

[9] Disponível em: <http://www.universotdah.com.br/preliminarCrianca.html>. Acesso em: 1º maio 2016.

Tânia Campos Rezende e Vitória Regis Gabay de Sá

CIÊNCIAS NATURAIS

Embora as crianças sejam curiosas e explorem o ambiente de forma contínua, a área de ciências naturais na educação infantil é quase sempre relegada a segundo plano e menosprezada nas pré-escolas brasileiras, como comprovou a pesquisa de Campos, Füllgraf e Wiggers (2006).

A valorização da alfabetização e da matemática, nos primeiros anos do ensino fundamental, também contribui para que as pré-escolas não dediquem muito tempo a essa área. De modo geral, percebemos que os professores não têm familiaridade com as ciências naturais, talvez por sua fraca formação nos ensinos fundamental e médio. Assim, fomos construindo ao longo dos anos uma fundamentação e uma orientação didática próprias e condizentes com nossa visão educacional.

No RCNEI (Brasil, 1998), a área é abordada de modo indissociado das ciências humanas, num tópico chamado de "Natureza e sociedade", com subtemas como os lugares e suas paisagens, os seres vivos e os fenômenos da natureza.

Nas DCNEI (Brasil, 2010, p. 26), também de modo articulado com a área social, é dever das instituições garantir experiências que:

- possibilitem situações de aprendizagem mediadas para a elaboração da autonomia das crianças nas ações de cuidado pessoal, auto-organização, saúde e bem-estar;
- incentivem a curiosidade, a exploração, o encantamento, o questionamento, a indagação e o conhecimento das crianças em relação ao mundo físico e social, ao tempo e à natureza;
- promovam a interação, o cuidado, a preservação e o conhecimento da biodiversidade e da sustentabilidade da vida na Terra, assim como o não desperdício dos recursos naturais.

Como consideramos que a área de ciências está relacionada com a de matemática, também identificamos nas DCNEI (Brasil, 2010, p. 25-26) a indicação de experiências que "recriem, em contextos significativos para as

Infância, liberdade e acolhimento

crianças, relações quantitativas, medidas, formas e orientações espaçotemporais". Já na BNCC (Brasil, 2017), a articulação entre ciências naturais, ciências humanas e matemática é evidenciada no campo de experiência "Espaços, tempos, quantidades, relações e transformações". Ao valorizar a curiosidade infantil sobre o mundo, o documento cita alguns temas a ser explorados: o corpo, os fenômenos atmosféricos, os animais, as plantas, as transformações da natureza, os diferentes tipos de materiais e suas possibilidades de manipulação etc.

A importância da natureza e os temas de educação ambiental são quase sempre abordados por meio de histórias, livros, vídeos e atividades artísticas. Ao procurarmos referências na internet, encontramos materiais informativos e ilustrativos, priorizando os conteúdos conceituais e a transmissão social. Os conceitos, informações e conhecimentos que podem ser transmitidos socialmente já fazem parte do ensino infantil, mas ganharão mais relevância nos níveis seguintes do ensino fundamental. Em termos de valores e atitudes, os alunos vão aprendendo aquilo que vivenciam e sentem ser valorizado no cotidiano, e não o que é falado e não tem correspondência com a realidade.

Assim como nas demais áreas de conhecimento – e talvez ainda de modo mais central na área de ciências naturais –, as crianças aprendem muito pela experimentação e pelo fazer – os chamados conteúdos procedimentais.

O conhecimento científico sobre a natureza é resultado de métodos e processos verificáveis, demonstráveis e replicáveis. No entanto, ele não deve ser encarado como verdade absoluta e inquestionável, sendo sempre transitório, modificando-se em função de novas questões que se apresentam. A ciência se faz a passos pequenos e de modo compartimentado, estando condicionada a fatores históricos e ideológicos.

Toda atividade científica se inicia com uma pergunta. Como as crianças mostram-se curiosas sobre tudo que as cerca, as pesquisas na educação infantil devem buscar responder às questões dos pequenos e alimentar novas perguntas. Desde bem cedo eles demonstram conhecimentos aprendidos fora da escola. Por vezes, a criança levanta uma questão inesperada; nesse caso, o professor aciona conhecimentos que tem e tenta estabelecer relações em busca da resposta. É fundamental que o aluno perceba tais relações e que se está levantando uma hipótese, que pode ou não ser confirmada. Todas as perguntas merecem atenção.

É comum que a criança faça uma pergunta e, mesmo que o professor lhe dê a resposta, não fique satisfeita – precisa continuar fazendo sua observação (às vezes por dias) para confirmar ou não suas hipóteses. Uma criança de quase 2 anos, por exemplo, jogava todo dia folhinhas no tanque das tartarugas. Depois de repetir essa ação inúmeras vezes, disse à professora: "Tartaruga não come folhinhas. Por que não come?" A professora explicou-lhe que as tartarugas comem uma ração e deu-lhe um pouco para oferecer aos animais. Ainda assim, mesmo tendo observado que as tartarugas não comiam as folhas e ouvido a explicação da professora, a criança continuou prosseguindo com a experimentação. Pela sua incipiente capacidade verbal, não conseguiu explicar o que estava pensando, mas foi respeitada em sua pesquisa até desistir da "oferta de folhinhas" por decisão própria. A professora aproveitou a situação para convidar todo o grupo a oferecer às tartarugas outros alimentos, como frutas e carne.

Na educação, nenhum conteúdo é fechado: há sempre mais a aprender sobre determinado assunto. As situações cotidianas são oportunidades interessantes para a professora fazer perguntas e também apresentar informações que ajudem a criança a estabelecer novas relações.

Orientamos que o professor instigue os alunos a pesquisar ao máximo antes de dar uma resposta, mesmo que eles estejam percorrendo um caminho que se mostrará infrutífero. Deixar que a criança persiga uma resposta permite-lhe vivenciar os processos até o fim, as consequências de suas ações e também as frustrações. O professor é um importante informante, que fornecerá dados para que a criança estabeleça novas relações e construa novas respostas. Qualquer situação precisa ser vivenciada como um fato educativo, mesmo que a experiência proposta não tenha obtido êxito.

Para tanto, é imprescindível que o professor tenha mais conhecimento que as crianças sobre o assunto estudado. Só assim ele poderá fazer boas perguntas e conduzir o grupo a novas aprendizagens. Quase sempre, isso implica realizar uma pesquisa antes de propô-la às crianças. Ao escolher um tema, o professor vai em busca do que está disponível na escola ou nas proximidades, tanto em livros, textos e imagens como com profissionais da comunidade e locais de pesquisa (museus, parques, estabelecimentos). Ao se familiarizar com o assunto e obter mais informações, o professor poderá fazer um planejamento dos percursos mais interessantes para a classe. O entusiasmo do educador ao descobrir coisas novas e sua paixão por conhecer é um dos mais importantes valores a transmitir na educação.

A fim de que os conteúdos de ciências sejam trabalhados com as crianças de forma significativa, a pesquisa demanda observação, comparação e ação dos alunos.

Para estudar animais ou plantas, talvez seja necessário abri-los, cortá-los – é assim que os cientistas estudam. Não se trata de desrespeito à natureza, desde que essa prática não seja indiscriminada. Nesse caso, é importante o professor ou a professora explicar: "Vamos arrancar esta planta e cultivá-la em outro lugar para observá-la", ou "Observaremos as asas da borboleta, mas só vamos fazer isso com esta que temos aqui, já morta". Ou seja, explica-se às crianças que se trata de um método científico de estudo, mas mostrando respeito e consideração com os seres vivos.

Um exemplo interessante aconteceu num grupo de alunos de 5 e 6 anos: durante as brincadeiras livres no pátio, eles começaram a demonstrar interesse pelos tatuzinhos de jardim. A professora, então, problematizou a situação, trazendo informações retiradas de livros, e promoveu a visita de uma bióloga. Várias questões surgiram: as tatuzinhas ficam grávidas? Tatuzinho tem coração? O que eles comem? A criação de um terrário que reproduzia o ambiente do jardim permitiu que todos observassem os hábitos e o desenvolvimento dos animais sem prejudicá-los. De modo articulado com as informações que foram coletadas nos livros, a confecção e a observação do terrário ajudaram as crianças a estabelecer uma série de relações sobre a vida dos tatuzinhos.

Nessa perspectiva, é interessante que as situações de investigação que acontecem espontaneamente com as crianças, nos horários de brincadeira, sejam em outro momento formalizadas e trazidas para uma "roda de estudo". Como os interesses e a curiosidade das crianças são variados e incessantes, é o professor ou a professora que deve escolher uma ou outra situação de investigação espontânea.

Desde a educação infantil já é possível tratar de forma diferenciada a fantasia e a realidade, ou seja, distinguir ciência de ficção. Nessa faixa etária, é comum encontrarmos histórias e músicas que apresentem animais e plantas que falam, cantam e têm sentimentos semelhantes aos humanos. No plano da literatura, das artes e da brincadeira, isso ajuda a enriquecer o imaginário das crianças. No momento em que os professores se propõem a trabalhar com conhecimentos relativos à área de ciências, no entanto, não faz sentido trazer essa visão romântica dos seres vivos ou dos fenômenos da natureza: a plantinha não chora se a criança arrancar uma folha, o trovão não é a voz de uma nuvem brava. Mas esse tipo de alusão pode despertar questionamentos válidos: será que o trovão vem da nuvem? Existe nuvem brava e nuvem calminha? Partindo das ideias das crianças sobre esses fenômenos, o professor pode propor uma pesquisa. A visão artística dos fenômenos enriquece a discussão, ao usar linguagem metafórica, e auxilia as crianças a se ligar afetivamente aos seres e elementos da natureza. No momento de se aproximar do conhecimento científico ou de fazer observações e experiências, no entanto, os professores precisam diferenciar fantasia de realidade e utilizar o vocabulário adequado.

Admirar a natureza é essencial para cultivar uma atitude de interesse e respeito. Assim, a educação ambiental também se faz presente em todo esse trabalho, seja por meio de atividades e projetos, seja por hábitos que fazem parte de nossa rotina, como fazer a coleta seletiva do lixo, evitar o desperdício de água e reutilizar materiais e sucata para confeccionar jogos e brinquedos, entre outros.

EDUCAÇÃO AMBIENTAL

Desde os primeiros anos de funcionamento escolar, desenvolvemos um trabalho de educação ambiental e implantamos a coleta seletiva de lixo em toda a escola.

A principal meta da Jacarandá é que toda a comunidade escolar discuta e transforme comportamentos e hábitos no sentido de melhorar as relações interpessoais e com a natureza. Assim, não se trata somente de estudar com as crianças temas relativos à extinção das baleias ou à reciclagem de materiais, mas de começar por aquelas tarefas e atividades que fazemos todos os dias, como jogar lixo no lixo, evitar desperdício de alimentos, ter cuidados básicos de higiene com o ambiente e consigo próprio, ter respeito pelo próximo. Portanto, os conteúdos relativos ao ambiente, sobretudo na educação infantil, são basicamente relativos a valores, atitudes e procedimentos.

Em paralelo, por meio de sequências de atividades e projetos, a escola pode promover um envolvimento maior da criança com o ambiente, pois conhecer mais representa um investimento afetivo e pode levar a amar mais. Construir conhecimentos relativos à natureza é fundamental para desenvolver as atitudes desejadas. Dar nome aos animais e plantas, às pedras e aos fenômenos da natureza é um bom começo e muitas vezes exige pesquisa.

Todos os dias nos relacionamos com a natureza ao nosso redor, mas frequentemente não vemos, não entendemos, não damos sentido ao que vimos. Envolver-se mais com o ambiente é imprescindível para uma mudança de atitude e para uma maior valorização de ações de preservação ambiental. Consideramos que todos os grupos precisam aprender, dentro das possibilidades da faixa etária, a usar as lixeiras de reciclagem, a evitar o desperdício de recursos e a valorizar a água e os alimentos. Realizar oficinas de jardinagem, por exemplo, seja num espaço de jardim, horta, num canteiro ou mesmo num caixote, é uma forma deliciosa e muito significativa de articular todos esses elementos.

Além das tarefas cotidianas, consideramos mais produtivo trabalhar com problemas reais, que em geral surgem de modo imprevisto (por exemplo, a entrada de um besouro na sala de aula, a necessidade de cortar a árvore do pátio que está com cupim, a falta de água) ou que podem ser fruto de problematizações conduzidas pelo professor com base na observação das crianças. Por exemplo: o interesse em brincar atrás das plantas e a necessidade de tomar cuidado com os galhos – como se chama essa planta? Podemos brincar com ela? Há plantas perigosas na escola? E em casa? Se uma criança encontra uma "bolinha" no jardim, investigamos: será ovo, pedra ou semente? Vamos levar essa bolinha para a sala e tentar descobrir o que é?

CIDADANIA E VALORES

Como afirmamos em relação aos eixos do currículo, toda aprendizagem é também uma aprendizagem de valores: não há conteúdos neutros. Não é indiferente ao professor falar sobre borboletas ou sobre carrapatos; preparar com as crianças um pão com receita própria ou aquele cuja receita foi enviada por um aluno. Tudo carrega valor, que os professores transmitem – conscientemente ou não – pelo modo de falar, pelo tom de voz, pelas expressões faciais.

Além disso, os professores intencionalmente visam ensinar os valores em que acreditam, em coerência (idealmente) com os valores morais da escola: isso faz bem, aquilo faz mal; isso é bom, aquilo não.

Infância, liberdade e acolhimento

Mais do que seu discurso moral, é o trabalho dos diferentes profissionais que revela os princípios éticos que vicejam dentro de uma escola. Os princípios éticos formam a base de nossas ações, sendo compostos pelos valores que fundamentam as escolhas sempre que se enfrentam conflitos e impasses. Apesar de serem imperativos, não se assemelham a regras práticas que, ao serem quebradas, implicam determinadas consequências ou punições e pertencem ao campo da moral. Como afirma Imbert (2001, p. 14), "o engajamento ético difere da obediência às regras; ele nos situa em uma vertente que não é a mesma das prescrições, exortações e práticas morais, a ponto de não ter receio de transgredi-las. [...]".

A vertente da ética requer um posicionamento a respeito de sujeitos em particular, para os quais não há um modo único de agir. Além da importância de seguir as prescrições que valem para todos, há de se perguntar por que as seguimos e se, em certos casos, não seria melhor subvertê-las e criar estratégias particulares, dentro dos mesmos princípios éticos. Tais criações são frequentemente necessárias na escola, sobretudo quando recebemos novos alunos e/ou crianças e famílias com dificuldades especiais.

Precisamos reconhecer que o campo da ética não é transparente e nem sempre somos fiéis a nossos princípios – agimos de modo contraditório e falho, sofrendo com a atuação incontrolável do inconsciente. Assim, é fundamental manter na escola um espaço de reflexão, escuta e interrogação ética sempre que houver impasses, de modo que os princípios ganhem mais efetividade e sejam postos em ação. É preciso que haja real dedicação para que a prática e o discurso se correspondam.

Talvez possamos considerar justamente isso um princípio de uma escola que se pretenda confiável: que a palavra tenha valor. Se alguém diz que vai fazer algo, é aquilo mesmo que deverá ser realizado; caso não seja bem-sucedido, precisará reconhecer ou assumir suas atitudes – isso vale tanto para a diretora como para o porteiro. Seguir esse princípio exige reflexão antes de falar, para não prometermos aquilo que não vamos cumprir. Portanto, muitas vezes é preciso dizer "não sei", "vou pensar" ou "não posso". A máxima de que "o cliente tem sempre razão" não se aplica, já que não poderemos passar por cima dos princípios da escola para satisfazer o cliente, tampouco dizer uma coisa e fazer outra. O cliente não tem sempre razão, mas tem suas razões. Por isso, deve ter voz e respeito, ainda que impere na escola a ética do coletivo.

A ética do coletivo é uma das grandes aprendizagens do convívio escolar, mas o maior desafio é conciliá-la com a ideia de singularidade. As noções de "todos" e "cada um" são igualmente vitais e formadoras de um sujeito cidadão – sentir-se único e, ao mesmo tempo, pertencente a um grupo. O conceito de cidadania, quase sempre ligado a direitos e deveres, não é, portanto, passível de aprendizagem por mera instrução ou explicação. Atividades sobre cidadania, em que se repetem belas frases e palavras de ordem, não vão ajudar as crianças a pensar sobre as situações cotidianas e facilmente cairão no esquecimento – de professores e de alunos.

No caso do ensino fundamental, conversar sobre valores, direitos e deveres pode criar uma importante oportunidade de reflexão e confronto de diferentes pontos de vista, mas na educação infantil optamos por investir em práticas que queremos incorporar, como guardar o material de uso coletivo, ajudar um colega a carregar a caixa de pintura, separar o lixo pa-

Infância, liberdade e acolhimento

ra reciclagem, cuidar do espaço público em torno da escola. Ocasionalmente, de acordo com a necessidade de uma turma, podemos planejar atividades para lidar com questões de interação social e valores. A entrada de um aluno novo no grupo, a dificuldade de relacionamento com determinada criança e a formação de "panelinhas" são exemplos mais comuns de situações que requerem um manejo dos professores, seja por meio de jogos em grupo, brincadeiras cantadas, atividades de contato físico, culinária ou uma história. No entanto, trata-se de propostas abertas e integradas às outras áreas, que propiciam mais vivências diferentes ao grupo do que discussões intelectualizadas sobre o tema.

Sentir-se bem e desejar agir bem é a inspiração ética que faz que as pessoas pratiquem os valores morais – que, se forem somente preceitos racionais ou ordens, perdem o sentido.

Por muito tempo pensou-se que educar moralmente, ajudando nossos alunos a pensar sobre conteúdos morais, seria suficiente para que estes tivessem um comportamento melhor. Entretanto, o cotidiano nos mostra que isso não basta. É por dar sentido a uma ação que alguém a realiza. Esta é a ideia de ética: ela se refere a uma vida boa e, por isso, a pergunta a fazer não é mais "o que devemos fazer?", e sim "que vida nós queremos ter?" ou "o que queremos para nossa vida?"

É a busca de sentido que nos torna seres humanos melhores. Expliquemos: apenas ter consciência de um dever moral não é suficiente para que nossas ações sejam justas e generosas; é preciso que queiramos fazer o bem a nós e aos outros. Agora vejamos: se a moral, como um conjunto de deveres, é inspirada pela tomada de consciência, a ética é inspirada pelo que chamamos de afetividade (Tognetta, 2009).

No caso da escola,

> [...] se a criança gosta do ambiente, se é bem tratada, respeitada, se vê sentido no que aprende ali, a instituição escolar pode se tornar alvo de projeções afetivas positivas e um valor para ela. Essa criança terá o desejo de voltar à escola todos os dias. Ao contrário, se ela é constantemente humilhada, desrespeitada, questionada em suas capacidades e competências intelectuais e sociais, é bem

provável que esse espaço seja alvo de projeções afetivas negativas, que não seja valorizado, que não se constitua num valor para ela, mas num contravalor. [...] (Araújo, 2007, p. 22)

Essa afetividade ou energia pode ser compreendida, segundo a psicanálise, como desejo, o que nos ajuda a entender por que é difícil saber "o que queremos para nossa vida" ou por que nem sempre colocamos em prática aquilo que pensamos/sabemos ser o "bom". O desejo é inconsciente e sempre nos prega peças, como percebemos nos atos falhos.

Também faz parte do funcionamento psíquico de todos nós o desejo de morte ou destruição, para o qual as crianças pequenas não têm ainda muita censura – verbalizam, por exemplo, quando querem que alguém morra (a professora que as frustrou, o irmãozinho recém-nascido, a mamãe ou o papai), mostram prazer ao desmanchar uma construção, em picar ou amassar coisas. O professor, nesses casos, precisa reconhecer os sentimentos negativos da criança sem reprová-la, ajudando-a a lidar com eles de modo socialmente aceitável e, se necessário, colocando claramente os limites: "Você ficou com muita raiva da mamãe, não é? Mas eu sei que você também gosta muito dela, e ela de você. Se quiser, fique aqui no meu colo até melhorar, e vamos pensar num jeito de conversar com a mamãe quando ela chegar". "Você quer muito esse carrinho que está com o João, mas não pode machucá-lo nem estragar o brinquedo. Fique aqui comigo. Você pode chorar até se acalmar e depois voltamos para brincar."

Embora seja algo socialmente comum, questionamos se é válido fazer a criança pedir desculpas por um ato do qual ela não se arrepende de verdade, ou pedir que "faça carinho" num momento em que ela está com vontade de bater no colega. Executar "bons comportamentos" por imitação, coerção ou medo de punição não leva ao desenvolvimento de uma postura ética. É a vontade de fazer o bem que enseja sentimentos e intenções morais, sendo nosso objetivo cultivar tal vontade.

No entanto, outro aspecto importante a considerar quando se observa uma criança pequena fazer birra ou contrariar uma prescrição do adulto é que tal comportamento revela um exercício de separação, de diferenciação eu-outro. Ao contrapor a opinião do outro ou desobedecer a uma regra, a criança se afirma como sujeito do próprio desejo. Poderíamos dizer que se trata de um exercício para a constituição de sua subjetividade. Nessa perspectiva, o adulto não precisa tomar o comportamento da criança como provocação ou desafio, o que lhe garante uma postura mais serena para lidar com a situação.

As crianças, independentemente de sua idade ou capacidade de entendimento e verbalização, merecem ser tratadas com a mesma dignidade que se dedica aos mais velhos ou às figuras de autoridade. Ignorar um bebê ao conversar com o adulto que o carrega, rir de seu choro, mentir para uma criança, tirar algo de suas mãos ou limpar seu nariz sem nem sequer olhar para ela são exemplos de ações infelizmente corriqueiras que não podemos aceitar num ambiente em que se considera cada criança um sujeito.

Esse é um campo delicado, pois é comum pensar que as crianças pequenas são boas e puras, tornando-se más no convívio com os outros, aprendendo coisas erradas com os "mais velhos". O outro lado da mesma moeda é acreditar que as crianças pequenas são bichinhos selvagens que precisam ser domesticados. De todo modo, estão em jogo a noção de "criança natural" e a do verdadeiro "jardim da infância", onde tentamos regar as flores para que se revelem em toda sua beleza e "torcer os pepinos de pequenino".

Quando aceitamos que as crianças, assim como nós, são dotadas de impulsos de amor e de ódio, que aprendem a administrar ao longo da vida, adquirimos um olhar menos condenatório e mais empático. Se a bondade e a maldade são encaradas como parte da natureza, resta muito pouco à educação, a não ser controlar, premiar ou punir. Infelizmente, cresce cada vez mais a prescrição de medicamentos para conter as crianças que não seguem as regras e/ou são agitadas e/ou agressivas, como se elas tivessem um defeito orgânico, químico.

Embora seja vista como algo ruim que as crianças aprendem com os outros, a agressividade faz parte de nosso arsenal de possibilidades de interação com o mundo. O uso de estratégias mais ou menos agressivas, mais ou menos de acordo com as normas morais, vai se consolidando ao longo do tempo até formar uma modalidade de interação social – e é justamente nessa fase que a educação infantil intervém, quando ainda não há um estilo definitivo. Na primeira infância, as crianças se encontram mais suscetíveis às experiências vividas, mais indiferenciadas em relação ao seu meio e permeáveis a novas inscrições psíquicas; portanto, as situações escolares podem ter um efeito positivo na construção da sua moralidade, desde que ofereçam um ambiente em que a palavra tenha mais valor do que a força física.

Os professores precisam agir sem agressividade e com respeito à criança, independentemente de sua idade, mostrando com suas atitudes formas de resolver os conflitos que envolvam a participação de todos e o respeito aos sentimentos de cada um, construindo um sentido compartilhado.

Ressalte-se que, para conversar com os pequenos a respeito de questões morais, seja numa roda de história ou numa situação de conflito, é importante que os professores entendam como funciona e se desenvolve o raciocínio infantil.

Piaget (1996, p. 69), baseado em diversos estudos, afirma que é preciso um ambiente de respeito mútuo para que se desenvolva a autonomia moral, ou seja, que o indivíduo não fique submisso à autoridade externa e seja capaz de se autogovernar:

> O alcance educativo do respeito mútuo e dos métodos baseados na organização espontânea das crianças entre si é precisamente o de possibilitar-lhes que elaborem uma disciplina, cuja necessidade é descoberta na própria ação, em vez de ser recebida inteiramente pronta antes que possa ser compreendida.

Assim, a escola precisa se organizar, em todas as suas ações pedagógicas, para promover um ambiente sociomoral baseado no respeito mútuo, e não na coerção. Quando nos debruçamos sobre esse tema, corremos o risco de vivenciar um sentimento obsessivo de retidão, que fatalmente resulta em tentativas de controlar tudo que acontece na escola, rumo à "qualidade total" e à perfeição. Criamos mais regras, protocolos e fichas para preencher e assinar, burocratizando o dia a dia; vemos falhas e problemas em tudo, já que nem todos "obedecem" e as coisas não funcionam como "deveriam". Somente o trabalho em equipe e o *feedback* dos colegas impedem-nos de mergulhar nessa ilusão, que nos leva justamente para a direção oposta à da ética.

Assim, cuidamos para não julgar professores, pais e alunos, bem como para não sobrecarregá-los com regras em excesso. Preferimos manter práticas de diálogo que nos permitam refletir sobre o sentido de nossas ações e reconhecer erros, mantendo sempre a possibilidade de interrogação. A leveza e a alegria, afinal, são o maior trunfo para a construção de um ambiente sociomoral favorável à aprendizagem e à interação social com cooperação e respeito mútuo.

10. OS BEBÊS: A CONSTITUIÇÃO SUBJETIVA DA CRIANÇA E AS ESPECIFICIDADES DA PEQUENA INFÂNCIA

A IDEIA DE que o homem não nasce pronto é afirmada por estudiosos de diversas áreas: entre os animais, é o filhote humano o mais despreparado e por mais tempo dependente de cuidados. Devido à imaturidade de seu sistema neurológico, o ser humano nasce em pleno processo de formação e precisa, além de crescer, terminar de se formar, literalmente. Os principais processos de desenvolvimento neurológico – como a mielinização das fibras nervosas, que lhes permite conduzir os impulsos elétricos – começam no quinto mês de vida intrauterina e, em geral, ocorrem do nascimento até o segundo ano de vida. Porém, não se trata apenas de amadurecimento, de terminar um processo geneticamente programado do qual já se conhece o resultado, pois as experiências de vida interferem em seu curso. Trata-se de pôr em funcionamento um organismo que está geneticamente aberto à interação com o ambiente físico e social e só se desenvolve na relação com o outro.

O ser humano nasce inacabado, física e psiquicamente, e se constituirá na interação com seus cuidadores, numa relação necessariamente amorosa (ou seja, permeada de desejo), mesmo que em diferentes níveis. Tal concepção coloca em destaque a interação entre os bebês e seus cuidadores, tanto em casa quanto na escola. Além disso, aponta a influência do meio físico e social no desenvolvimento, contrapondo-se a uma visão naturalista.

Sem uma relação significativa, o bebê corre o risco de não sobreviver ou de ter graves prejuízos de desenvolvimento, mesmo que receba cuidados físicos, como foi verificado por René Spitz em 1946. Esse médico austro-americano dedicou-se a pesquisas de psicologia infantil à luz da psicanálise, sendo pioneiro em estudos diretos com crianças bem pequenas. Numa pesquisa com bebês abandonados aos 3 meses e internados numa instituição onde recebiam toda a assistência no que se referia a alimentação, higiene e cuidados médicos, Spitz verificou que as crianças aos poucos passavam a demonstrar apatia, falta de apetite e de motilidade, entre outros sinais de que a ausência da mãe ou de outro "substituto aceitável" incidia de modo significativo em seu desenvolvimento.

Spitz (1996, p. 211) constatou que isso levava à deterioração progressiva da criança:

> Tal deterioração manifesta-se primeiramente por uma interrupção do desenvolvimento psicológico da criança; em seguida, iniciam-se, então, disfunções psicológicas paralelas a mudanças somáticas. No estágio seguinte, isso acarreta uma predisposição crescente à infecção e, finalmente, quando a privação emocional continua no segundo ano de vida, leva a uma taxa extremamente alta de mortalidade.

Desenvolvimento e saúde, portanto, caminham juntos. Nos meses iniciais de vida, e ao longo dos primeiros anos, as funções orgânicas estão todas entrelaçadas e o aparelho biológico, notadamente o sistema nervoso central, forma com os aparelhos psíquico e cognitivo um arcabouço estrutural praticamente indiferenciado (Coriat e Jerusalinsky, 1996). Não podemos considerar a emissão do balbucio de um bebê isolada de sua forma de interagir com o adulto, de olhar para ele, de responder aos seus chamados; isso, por sua vez, ocorre em relação ao que o bebê ouve, ao modo como suas vocalizações são respondidas, à forma como ele é olhado e cuidado pelos adultos.

Para dar outro exemplo, não podemos considerar a alimentação do bebê de um modo somente biológico: mamar é utilizar o reflexo de sucção para nutrir-se, porém, numa situação complexa que envolve a boca, o peito ou a mamadeira, o corpo num colo que o alimenta, as sensações proprioceptivas do aparelho digestório, a fome ou a saciedade, o alimento em toda a sua riqueza de características, os intervalos e o ritmo das mamadas... Além disso, mamar é também o modo como o bebê expressa seu apetite, interage com aquele que o alimenta, registra suas experiências de prazer e desprazer, constrói noções de tempo e de corpo. O bebê não apenas ingere alguns mililitros de leite e, com isso, se alimenta: ele é guloso ou preguiçoso, só mama se a

Infância, liberdade e acolhimento

mãe estiver olhando para ele ou mama em qualquer lugar, mama e regurgita ou mama e dorme, mama muito e não ganha peso ou mama pouco e cresce bem, é amamentado pela mãe com dor, com pressa, com carinho, com a televisão ligada... Dessa forma, é impossível nos primeiros anos de vida isolar os aspectos orgânicos do desenvolvimento daqueles psicológicos.

Como explica Bernardino (2006, p. 27-28),

> [...] todo sujeito humano constitui-se a partir do encontro entre um organismo e a linguagem, pela intermediação de um cuidador privilegiado. Trata-se, a rigor, de um encontro paradoxal, pois são dois campos totalmente heterogêneos. Por um lado, há um organismo dotado de uma natureza: disposições genéticas, reflexos inerentes à espécie, que se traduzem nas mais diversas "competências" do bebê; há a concretude de um corpo, com uma anatomia, uma fisiologia, um sistema nervoso. Por outro lado, há o campo simbólico, a cultura, esta organização que se traduz em uma estrutura de linguagem que captura este organismo: há a materialidade dos sons que constituem as palavras, mas que são pura representação, ideias abstratas que só fazem sentido quando articuladas e referenciadas a um elemento organizador central.

Tânia Campos Rezende e Vitória Regis Gabay de Sá

Como seres falantes, portanto nascidos num mundo de linguagem no qual somos falados antes de vir a falar, em que as coisas têm nome e fazem parte de uma história e de uma estrutura cultural, estamos longe de ser criaturas naturais. A concepção naturalista é muito comum na educação, sobretudo quando "tudo vai bem": professores costumam afirmar que uma criança "se desenvolveu naturalmente" quando corresponde aos padrões de referência. Se um bebê engatinha aos 9 meses, consideram que é "natural"; se engatinha aos 11, "foi natural, mas a seu tempo"; se não engatinhou, mas rasteja sentado, continuam dizendo que "é natural que cada um se desenvolva a seu modo": ou seja, justificam processos diferentes com a mesma noção de natureza e desconsideram que ali estão as marcas de um jogo bem complexo, que tem muito pouco de natural e do qual fazem parte ativamente. Quando se trata de crianças com algum comprometimento físico, a concepção naturalista entra em xeque, pois não dá conta de explicar o processo de desenvolvimento tão singular, sendo as conquistas imputadas aos fatores "não naturais": nesses casos, dizem que o bebê engatinhou porque foi "estimulado". Ou, então, afirmativas como "é natural que a criança chore quando a mãe se afasta" podem ser contestadas quando observamos outras tantas reações diferentes. Ou seja, não há nada no comportamento humano comparável à natureza animal, que é instintiva e predeterminada. O ser humano é cultural.

> O bebê nasce e cresce, pois, em íntimo contato com o outro, o que lhe possibilita o acesso ao mundo. Ele expressa seu estado de bem ou mal-estar por meio de vocalizações, gestos e posturas que são percebidos, interpretados e respondidos pelo(s) outro(s), conforme aprenderam em suas experiências na cultura à qual pertencem. O bebê já nasce imerso nessa cultura. (Brasil, 1998, v. 2, p. 17)

Dentro dessa concepção, destacamos duas premissas fundamentais que guiam nossa prática escolar: um bebê não existe sozinho ou isolado de uma mãe (ou de quem ocupar essa função) e seu desenvolvimento não deve ser considerado uma linha contínua e sucessiva de competências genética ou neurologicamente determinadas.

As tabelas de desenvolvimento infantil podem ser úteis como referência geral daquilo que é mais comum: os bebês começam a rolar por volta dos 5 meses, rastejar por volta dos 7, engatinhar perto dos 10, andar com 12 meses (Gesell, 1956). Essas referências, porém, não devem ser tomadas como metas pedagógicas, como aquilo que é ideal, correto e saudável, transformando em problemáticos aqueles bebês que não correspondem a elas ou levando educadores a estimular os bebês para atingi-las ("se for mais cedo, melhor ainda").

Nesse sentido, o RCNEI (Brasil, 1998, v. 3, p. 18) reconhece que o desenvolvimento motor está atrelado a fatores psíquicos e subjetivos:

> [...] Pode-se dizer que no início do desenvolvimento predomina a dimensão subjetiva da motricidade, que encontra sua eficácia e sentido principalmente na interação com o meio social, junto às pessoas com quem a criança interage diretamente. É somente aos poucos que se desenvolve a dimensão objetiva do movimento, que corresponde às competências instrumentais para agir sobre o espaço e meio físico.

Para um bebê, as vivências são globais e, seja ao brincar, ao ouvir música ou ao mamar, todos os seus sistemas e funções estão ativos. Assim, no caso das turmas escolares de berçário ou creche, a separação didática em áreas de conhecimento ou disciplinas só tem utilidade para a organização dos professores e, em alguns casos, é contraproducente. Isso porque, ao tentar focar apenas um dos aspectos do desenvolvimento, o professor pode fazer avaliações reducionistas e equivocadas.

Um bebê que permanece a maior parte do tempo no colo e no carrinho em geral rola e rasteja menos, ou mais tarde, do que outro que fica várias horas por dia no chão, sobre um tapete ou acolchoado. Um bebê, porém, que tem espaço e liberdade de brincar no chão, mas não é acompanhado pelo olhar amoroso de um adulto que antecipe suas conquistas e se alegre com elas, talvez nem chegue a rastejar ou a engatinhar. Ou seja, não bastam um organismo saudável e condições físicas favoráveis para que o bebê se desenvolva: é imprescindível que ele faça parte de uma rede de linguagem, que ocupe um lugar simbólico no cenário amoroso de alguém.

Daí a noção, desenvolvida por Winnicott e outros psicanalistas, de que um bebê não existe sozinho. Para Winnicott (1960), o bebê só existe quando há cuidados maternos.

Jerusalinsky (2011a, p. 15) explica que, por meio de complexas operações psíquicas, "o exercício da função materna tem um papel decisivo para a constituição do psiquismo do recém-nascido", deixando claro que o agente da função materna pode ou não ser a mãe biológica. Esse agente da função materna – que de modo genérico chamaremos de mãe – cuida do bebê com um saber inconsciente, para além daquilo que aprende por meios racionais, com suas fantasias e experiências de infância. Aos poucos, criará um laço com esse bebê real, que nasce com o organismo mais ou menos apto a entrar nessa relação. Algumas condições orgânicas podem prejudicar a formação do laço mãe-bebê (prematuridade, malformações, deficiências), mas nunca serão determinantes por si sós, já que, como vimos, o ser humano não está preso às determinações naturais. O laço mãe-bebê também não configura uma relação dual perfeita e, desde sua criação, já traz a presença de um terceiro. Este pode ser entendido como a incidên-

cia de qualquer elemento que impeça que a mãe forme com seu bebê uma unidade fechada: da presença das regras socioculturais à existência de um pai fisicamente presente.

Sabemos que, nessa relação mãe-bebê, o lugar ocupado pelo pai está longe de ser indiferente. Tem efeitos contundentes o modo como o pai sustenta o laço com sua mulher e o restabelece a partir do nascimento do filho, assim como sua implicação direta nos cuidados dirigidos a ele. Afinal, o exercício da função materna não prescinde da rede familiar e social (Jerusalinsky, 2011a). A ausência do pai biológico ou da mãe não resulta automaticamente num problema, pois há diversas configurações familiares em que as funções materna e paterna podem ser exercidas por outras pessoas.

Desse modo, ao nos referirmos ao laço mãe-bebê, estamos falando de um tipo de relação que não é um todo indiferenciado. O RCNEI, no volume sobre a "formação pessoal e social", menciona, por exemplo, uma "fusão com a mãe" logo ao nascer; porém, entendemos que não se trata de um estado inato, mas de um laço construído de modo singular – não necessariamente em fusão, porém em extrema dependência.

Com base nessa perspectiva, o trabalho com bebês precisa considerar a participação dos pais sem idealismos nem preconceitos: não compartilhamos a ideia de que "as mães sabem cuidar dos seus filhos por instinto", tampouco a de que elas "fazem tudo errado e estragam o bebê". Evitamos essas conclusões precipitadas e reducionistas, buscando escutar mães e pais em seu exercício inaugural das funções de parentalidade (e, a cada filho, elas se reinauguram) e trocar com eles nossas impressões e experiências. Para falar sobre um bebê que vai entrar na escola, são chamados mãe e pai, cuja presença é valorizada. Os saberes dos pais e professores em relação à criança servem para fortalecer o laço entre ela e os adultos.

Nessa relação de troca e compartilhamento, ficamos advertidos de que a rivalidade entre pais e professores pode surgir, mas não deve ser alimentada: afinal, trata-se de ligações diferentes. Apesar de ter uma relação com o bebê mediada pelo caráter profissional (regulado e limitado por regras e condições institucionais), o educador não cuida de um "objeto", algo a ser observado de fora ou de longe. Ao contrário, faz parte da criação desse algo, que, como sujeito em constituição, age em função daquilo que vivencia.

> Para cuidar é preciso antes de tudo estar comprometido com o outro, com sua singularidade, ser solidário com suas necessidades confiando em suas capacidades. Disso depende a construção de um vínculo entre quem cuida e quem é cuidado. (Brasil, 1998, v. 1, p. 25)

Os professores que trabalham com bebês e crianças bem pequenas precisam ter consciência de que a relação que estabelecem com cada um é tão importante quanto (ou mais que) a metodologia que adotam para realizar uma atividade ou brincadeira – e para que os momentos de alimentação, sono e higiene funcionem bem. A orientação técnica de como trocar fraldas, por exemplo, precisa estar a serviço de uma relação de cuidado em que o bebê é atendido para se sentir confortável e seguro, considerando-se tanto as questões de saúde quanto a interação afetiva.

Buscamos ainda que, nessa relação de cuidado, o bebê mantenha-se ativo e suas manifestações sejam tomadas como expressão de um sujeito que tem o que dizer: pelo olhar, pela expressão facial, pelos gestos e movimentos corporais, pelas vocalizações. A professora pode ser eficiente ao trocar a fralda ao mesmo tempo que olha para o bebê e conversa com ele, respeitando seus gestos, pedindo que lhe "dê" o pé para colocar a meia, respondendo aos seus chamados para brincar de estalar a língua etc.

Essa postura encontra fundamentação na experiência húngara do Instituto Lóczy, criado em Budapeste em 1946 pela pediatra Emmi Pikler, que sempre viu a saúde física conectada à saúde psíquica, considerando a criança com respeito. Ao orientar as jovens profissionais do Instituto, Pikler transmitiu seu método de cuidar das crianças:

> [...] alimentá-las, trocar-lhes as fraldas, banhá-las e vesti-las, sem ter pressa durante essas operações, ocupando-se delas com carinho, considerando as necessidades individuais e reagindo frente a seus sinais. Ensinaram-lhes gestos delicados e pequenas atenções e sublinharam, particularmente, o fato de a criança – em qualquer idade – ser sensível a tudo que lhe acontece: sente, observa, grava e compreende as coisas ou as compreenderá com o tempo, sempre que lhe dermos a oportunidade. (Falk, 2004, p. 19)

Nesse contexto de uma relação próxima e carinhosa com um adulto, permeada por palavras, olhares e gestos, o princípio central no Instituto Lóczy era a liberdade de movimentos (por meio de espaços amplos, de vestuário adequado e da não intervenção do adulto na atividade infantil).

> Os bebês de 3 a 4 meses somente ficavam no berço enquanto dormiam ou repousavam. Quando estavam despertos, encontravam-se no local comum de jogos, na sala ou ao ar livre, no parque ou na área coberta, ou estavam rodeados de objetos simples porém variados, com os quais podiam brincar de maneira autônoma, sem ajuda nem intervenção dos adultos. Nunca colocavam as crian-

ças em posição que não pudessem adotar ou abandonar sozinhas, nunca as estimulavam a fazer movimentos mais complexos que aqueles que eram capazes de fazer por si mesmas, por própria iniciativa, sozinhas e sem ajuda. (Falk, 2004, p. 20)

Diversos estudos e pesquisas foram feitos com as crianças internadas em Lóczy, que permanece ativo até os dias atuais. O método pioneiro de Emmi Pikler já foi a base da formação de muitos educadores e centros infantis. Por diferentes meios, comprovou-se que o bebê pode aprender de maneira independente, dentro de uma relação de segurança. E mais: seguindo seu ritmo e seus desejos num ambiente de liberdade de movimentos, aprende ainda melhor que aquele cujas ações são sempre dirigidas e estimuladas por adultos. No método Pikler, a atuação do adulto é centrada nos momentos de cuidado, quando não executa as tarefas de modo mecânico, mas com genuíno interesse e confiança nas capacidades da criança.

Também encontramos essa visão sobre o bebê no RCNEI (Brasil, 1998, v. 2, p. 15-16):

> Aos poucos, o bebê adquire consciência dos limites de seu próprio corpo, bem como das consequências de seus movimentos. [...] A exploração de seu corpo e movimentos, assim como o contato com o corpo do outro, é fundamental para um primeiro nível de diferenciação do eu.
> É por meio dos primeiros cuidados que a criança percebe seu [...] corpo como separado do corpo do outro, organiza suas emoções e amplia seus conhecimentos sobre o mundo. O outro é, assim, um elemento fundamental para o conhecimento de si. Quanto menor a criança, mais as atitudes e procedimentos de cuidado do adulto são de importância fundamental para o trabalho educativo que realiza com ela. [...]
> No ato de alimentar ou trocar uma criança pequena, não é só o cuidado com a alimentação e a higiene que está em jogo, mas a interação afetiva que envolve a situação.

Infância, liberdade e acolhimento

Em nossa concepção, a interação afetiva não se refere somente a fazer as coisas com carinho, gostar/não gostar, ser querido/ser rejeitado, mas a uma interação afetiva complexa, com aspectos inconscientes. Tal interação estrutura o psiquismo da criança, sua identidade e a forma como estabelecerá suas relações com o mundo.

Assim, desde a fundação da escola, procuramos organizar o atendimento aos bebês de modo peculiar, personalizado, oferecendo suporte para os profissionais. No Berçário e nas turmas de crianças de 1 a 2 anos, em todos os momentos da rotina os professores comunicam-se com os bebês conversando corretamente, cantando, utilizando-se de gestos, expressões, toques, brinquedos. O ritmo que cada criança já traz de casa é respeitado e, no Berçário, cada um tem sua rotina individual de alimentação, sono, troca, brincadeiras. Nos Grupos 1 e 2, uma rotina coletiva já é implantada, porém os horários de sono continuam sendo respeitados individualmente.

Enfatiza-se o brincar livre, porém também são planejadas algumas atividades de exploração sensorial, motora e musical – específicas para cada bebê ou que possam beneficiar a todo o grupo. A liberdade de movimentos preconizada por Pikler, a nosso ver, não é incompatível com momentos de ouvir histórias, cantar e manipular instrumentos musicais, bem como com a oferta de materiais diversificados – de caixas de papelão a frutas inteiras ou massinha feita com farinha. O planejamento dos professores precisa favorecer a brincadeira – não é a criança quem deve adequar seu brincar aos intervalos e "brechas" deixados pelos professores.

Para haver um bom equilíbrio entre a oferta de atividades e o livre brincar, é preciso fazer um acompanhamento constante do trabalho, por meio de reuniões semanais entre a coordenação e os professores, da observação e do registro diário, da troca contínua com os pais. Os professores do Berçário, assim como todos os demais, participam das reuniões pedagógicas de equipe e fazem cursos e seminários específicos, além de reciclagem com os profissionais que assessoram a escola.

Para realizar um trabalho com essa qualidade, sempre limitamos a três ou quatro o número de bebês por educador, contando com toda a estrutura da escola (auxiliares, coordenadora, diretora, serventes) para os momentos eventuais em que seja necessário mais de um colo ou até uma ajuda mais prática. No Grupo 1, em que a rotina é coletivizada e as crianças já têm maior autonomia de locomoção e expressão, a proporção dobra e passa a ser de seis crianças por educador.

Há uma constante troca de informações entre os pais e a professora nos horários de entrada e saída, bem como por meio de anotações diárias na caderneta, reuniões e entrevistas com a coordenadora. Semestralmente, realizamos uma reunião de pais e elaboramos um relatório de avaliação de cada criança, conforme explicamos no Capítulo 7.

Atender bem numa creche, do nosso ponto de vista, não significa entregar o bebê "prontinho", assumindo responsabilidades que são dos pais, mas propiciar um ambiente afetivo, seguro, continente e rico em situações de aprendizagem para o bebê e, ao mesmo tempo, apoiar as famílias para que cada uma encontre sua maneira de garantir uma interação significativa com seu filho. Assumimos o compromisso de acompanhar e orientar as famílias, buscando não só oferecer uma escola de qualidade, mas também favorecer uma boa relação mãe-pai-bebê – que é, a nosso ver, a base para a saúde física e mental das crianças.

IV • O ESPAÇO DOS PAIS

11. A CRIANÇA PEQUENA E A "ADAPTAÇÃO"

Ao ingressar na escola, as crianças pequenas ainda estão muito ligadas aos pais (e/ou cuidadores primordiais) e precisam construir novas referências afetivas, que lhes possibilitem uma permanência confortável e proveitosa na instituição. Para tanto, determinadas condições devem estar garantidas: ambiente seguro, limpo e convidativo; acolhimento dos pais (ou cuidadores em geral) e dos bebês e crianças; professores e professoras com familiaridade com a primeira infância, com brincadeiras e atividades pertinentes à idade e disponibilidade afetiva para formar um vínculo estreito com a criança e com sua família.

A observação de um educador (professores, auxiliares, coordenadores) em relação ao comportamento da criança, à interação dela com os pais, com as outras crianças e adultos da escola costuma nortear a escolha de estratégias de como abordá-la nos primeiros contatos – de qual brincadeira escolher a como orientar os pais no período inicial. Além da observação, a conversa com os pais e com a própria criança é fundamental para que a família e os profissionais se conheçam e esclareçam dúvidas sobre o funcionamento da escola, mas também para os pais falarem sobre seus temores, expectativas, representações e anseios nessa fase tão delicada.

Tudo começa quando os pais fazem os primeiros contatos para conhecer a escola. Isso quase sempre se dá por indicação de amigos ou por pesquisas na internet. A maneira como são atendidos por telefone, e-mail ou pessoalmente já demonstra a forma de acolhimento da escola às famílias novas: um atendimento atencioso, com informações claras e objetivas sobre horários, existência de vagas, alimentação e preços, o que é fundamental para que os pais confirmem ou não o interesse pela escola. Então, marca-se uma visita para que a coordenadora ou diretora receba-os, apresente as dependências da escola e, ao mesmo tempo, explique os princípios que regem o trabalho pedagógico e como se organiza a rotina de atividades, brincadeiras, alimentação, sono.

É também momento de escutar, ainda que de maneira bastante informal, as expectativas, as preocupações e os temores em relação à entrada da criança na escola. Afinal, estamos falando de crianças bem novas, que na maioria das vezes não têm a experiência de se separar da família e de permanecer muito tempo fora de casa. Ao conversar com os pais sobre a dúvida entre trazer a criança para a escola e deixá-la mais tempo com a babá, trazer lanche de casa e dar o fornecido pela escola, frequentar as aulas de manhã e à tarde, conciliar os hábitos de sono – ou outros aspectos aparentemente só pragmáticos –, vamos explicando nossa concepção de educação, a forma como conduzimos a rotina de cada grupo, o que pode ou não ser flexibilizado de acordo com a expectativa da família.

Essa visita é uma primeira oportunidade de apresentar, mesmo para pais das crianças bem pequenas, a didática dos conteúdos e áreas de conhecimento, dos projetos realizados, da nossa concepção de alfabetização, da importância da brincadeira para nosso projeto pedagógico. Primeira oportunidade porque consideramos que ao longo dos anos de permanência dos alunos na escola essas informações serão retomadas em reuniões de pais, entrevistas, em nosso jornal, nas exposições e nos eventos festivos.

Chega então o momento da matrícula e da entrevista com os pais para a entrada da criança na escola. Eles respondem por escrito a um questionário bem completo, com perguntas sobre saúde, alimentação, sono, costumes familiares, rotina da criança e expectativas em relação à escola. Tal documento serve de roteiro para a entrevista e nos permite encadear uma conversa que toque tanto em aspectos relativos ao funcionamento da escola como em preocupações e dúvidas dos pais.

É importante ressaltar que, nessa conversa, não há pergunta boba ou sem sentido; qualquer questão levantada pelos pais, da alimentação à alfabetização, do sono ao esquema de segurança da escola, dos horários à febre ou a possíveis machucados, merece nosso acolhimento, nossa atenção e reflexão. Dessa forma, conhecemos mães, pais e filhos a fundo e ajustamos certas práticas para atender a demandas possíveis – ou questionamos as que consideramos impossíveis ou inadequadas.

Infância, liberdade e acolhimento

A entrada na escola envolve uma série de mudanças na rotina da criança e dos pais, que precisam ajustar horários, organizar a mochila e a lancheira, planejar quem leva e quem busca o aluno. Embora pareça algo simples, essa situação costuma gerar bastante ansiedade nos pais, que precisam conciliar demandas de trabalho, alterar ritmo de amamentação e confiar os cuidados do bebê às professoras, que inicialmente são estranhas – ainda que respaldadas por uma instituição escolar de boa referência.

O período inicial de inserção da criança na rotina escolar precisa ser encaminhado de forma delicada, cuidadosa e de acordo com as possibilidades da mãe, do pai e, eventualmente, de outros cuidadores (babá ou avós, por exemplo), além de levar em consideração a idade do aluno – em geral, crianças a partir dos 3 anos completos levam menos tempo para se familiarizar com a escola do que uma criança menor.

Após a entrevista, o próximo passo é agendar uma data para que a criança comece a frequentar a escola, acompanhada pela mãe ou pelo pai, sem que isso coincida com a chegada de outros alunos novos no mesmo grupo nem com o retorno de alunos antigos do período de férias. Combinamos que, nos primeiros dias, o tempo de permanência é reduzido, de aproximadamente 1h30-2h, sendo estendido de acordo com o ritmo da criança. A intenção é que esta conheça o espaço, a professora, os colegas, que possa observar as brincadeiras ou atividades e nelas, gradualmente, se inserir. É frequente que nos primeiros dias a criança fique bem apegada à mãe, aproximando-se do tanque de areia ou de um brinquedo interessante, mas voltando logo ao colo materno. Dar tempo para que a criança faça esse movimento de afastamento e reaproximação com a mãe e com brinquedos e brincadeiras permite que ela construa uma relação de confiança com o espaço e com as pessoas ao seu redor.

Aos poucos, as professoras começam a se aproximar para brincar, servir o lanche ou oferecer água, para que a criança perceba que elas, além da mãe, também podem acolhê-la, brincar com ela e corresponder às suas vontades. Em paralelo, a mãe ou pai observa como as professoras cuidam das crianças da turma, que brincadeiras propõem, como lidam com os pedidos, com o choro, com os conflitos, conhecendo melhor suas habilidades para lidar com a turma.

A presença dos pais na escola permite uma troca direta com a professora ou o professor – por exemplo, quando a mãe pode mostrar como seu filho prefere comer a fruta ou se fica muito inquieto na hora da troca de fraldas. Evidentemente, a entrada na escola ampliará as experiências da criança – ela passará a experimentar a fruta servida de outras maneiras, aprenderá uma série de músicas, histórias e brincadeiras novas, diferentes do repertório familiar.

À medida que os dias passam, as professoras descobrem as preferências das crianças, aprendem a lidar com suas recusas inicias de brincar e encontram maneiras de consolá-las diante das pequenas frustrações do dia a dia – e também da contrariedade de se despedir dos pais na hora da entrada.

Todo esse processo pode durar poucos dias ou se estender por duas ou três semanas, de acordo com o temperamento da criança e sua abertura para a formação de novos vínculos, além da disponibilidade dos pais e da habilidade dos professores. Costumamos respeitar o ritmo da criança e não consideramos saudável deixá-la chorando por longos períodos em virtude da despedida dos pais. Por outro lado, é importante tolerar algum choro, porque é esperado que, ao se frustrar com algo ou se perceber longe da mãe ou do pai, a criança queira a presença deles na escola. Esse tipo de situação acontece com todas as crianças pequenas, mesmo aquelas já bem acostumadas a frequentar a escola.

Mesmo que a saída dos pais desencadeie o choro da criança, é muito importante que eles se despeçam dela e digam que vão voltar. Comunicar-lhe honestamente que a mãe e o pai saíram ou estão esperando na secretaria, por exemplo, cria uma relação de confiança entre ela e os adultos envolvidos nessas primeiras experiências escolares. Da mesma forma, avisamos claramente aos pais se a criança está chorando ou em que situações chorou, para que eles possam confiar nas informações que lhes são passadas.

A "ADAPTAÇÃO"

Intencionalmente, desde o início deste capítulo, não usamos a palavra "adaptação" para falar do processo de inserção da criança na escola, pois esse termo, utilizado na área da biologia, conforme o dicionário on-line *Michaelis*, diz respeito "ao processo pelo qual os indivíduos (ou as espécies) passam a possuir caracteres adequados para viver em determinado ambiente". Isso daria a entender que o esforço e o movimento de adaptação viriam somente da criança; esta teria de se modificar para entrar na escola. Entendemos, porém, que a instituição escolar precisa flexibilizar o planejamento das atividades e os horários, abrir espaço para os pais participarem da rotina até que a criança possa se abrir para essa experiência de pertencer a um novo grupo social.

A chegada de cada criança em um grupo modifica a dinâmica deste, altera a relação das professoras com os alunos e exige uma reorganização dos tempos e espaços ocupados pelo grupo. Com o passar o tempo, há um movimento bilateral – tanto da criança quanto da escola –, mas num primeiro momento é a instituição, com toda a sua equipe, que se põe em movimento para receber a criança, acolhê-la, compreendê-la e incluí-la no grupo.

O processo de socialização da criança se dá em várias experiências desde a mais tenra idade, quando tem contato com avós, primos e amigos da família. Mais tarde, amplia-se na interação com vizinhos de prédio, no clube, na praça. No entanto, trata-se ainda de um contato muito mediado pela família, de início com a mãe e/ou o pai por perto, fazendo certo anteparo ao que consideram excessivo do mundo externo.

Ao entrar na escola pela primeira vez, é comum que a criança tenha tido pouca ou nenhuma experiência de ficar longos períodos longe dos pais e cuidadores e, portanto, estranhe o ambiente, o copo usado para beber água, o tempero da comida, a forma como o pãozinho é cortado e também a maneira como a professora fala com ela, como divide sua atenção entre as outras crianças e lida de maneira diferente de seus pais com as situações do cotidiano. Cada escola tem um linguajar próprio, que no início não faz sentido para os novos integrantes: os nomes dos espaços (pátio de baixo, sala de música, passagem secreta), os objetos e utensílios (caderneta, camiseta de pintura, escaninho, lancheira) e até atividades ou momentos da rotina que parecem totalmente arbitrários (roda, hora da história, hora da saída).

Por mais cercada de cuidados que seja a entrada numa escola, há um impacto na vida da criança, o que por vezes se revela em alterações no sono, na alimentação e até na saúde. A intensidade desse impacto varia de acordo com a qualidade do acolhimento dedicado à criança, com os cuidados em relação à higiene e organização do ambiente escolar e também com as peculiaridades da relação da criança com seus cuidadores primordiais. Separar-se por algumas horas dos pais pode ser mais tranquilo para um aluno que para outro.

Os tempos iniciais na escola colocam a criança pequena, cujo sistema imunológico ainda não está totalmente amadurecido, em contato com diversas outras crianças. Somado a isso, também mobilizam sentimentos bem contraditórios e, às vezes, intensos – que vão da euforia de brincar à vontade no tanque de areia ou participar de uma gostosa roda de história ao medo de ficar longe da mamãe ou à raiva por ela ter demorado a voltar. Quando esse processo se prolonga demais ou é muito intenso, pode-se observar o aparecimento de viroses, que são típicas da infância, mas de um modo recorrente. Ficar bem por um período na escola sem a presença da mãe ou do pai e desenvolver o sistema imunológico são conquistas que dependem da vivência da criança; é a partir dessa vivência que haverá aprendizagem que permita superar as dificuldades e aproveitar a vida escolar em toda sua diversidade e riqueza.

Alguns pais pedem que seja feita uma experiência: se, após alguns dias, virem que está dando certo, oficializam a matrícula; caso contrário, a criança não vai mais à escola. Não costumamos proceder assim, pois, como se trata de um processo de criação de vínculo, de ir se conhecendo mutuamente aos poucos, é preciso que haja um mínimo de entrega e confiança – o que não ocorre se a família considera aquilo somente um "teste". Qual será a atitude dos pais se a criança chorar e não quiser entrar

Infância, liberdade e acolhimento

na escola? Quando decidem que a instituição escolar é a melhor opção, buscarão formas de encorajar a criança e conversar com a professora, por exemplo, para encontrar juntos uma estratégia. No entanto, se estiverem fazendo um teste, poderão considerar o choro um sinal de que não está dando certo e ficar ainda mais inseguros.

Um ou outro aluno demandou tempo maior do que o habitual para permanecer na escola sem algum adulto familiar, até que se sentisse à vontade; alguns exigiram atenção exclusiva por certo tempo, combinados especiais com a mãe ou até mobilizaram outros funcionários da escola em rituais de despedida. Todos, porém, conseguiram superar esse período inicial, talvez porque a escola também tenha se "adaptado".

Eventualmente, durante esse processo, os pais percebem que a escola não corresponde ao imaginado e repensam sua escolha; ou, ainda, as condições profissionais ou domésticas trazem mudanças imprevistas que os obrigam a desistir da matrícula. Em qualquer situação, quando um aluno vai sair da escola, conversamos com ele a esse respeito e combinamos com os pais um dia da despedida, respeitando o fato de que a criança precisa elaborar minimamente essa experiência. Para os bem pequenos, recolher seus pertences e despedir-se, num clima amigável, pode ser suficiente para que a vivência seja positiva, ainda que de perda e separação. Levar um cartão, uma foto ou um desenho dos colegas costuma ser significativo, bem como ficar com a lista de telefones e e-mails do grupo, facilitando futuros contatos. Saber se despedir (e se reencontrar) é, afinal, um valioso aprendizado, na escola e na vida.

12. ESCOLA E PAIS: UMA RELAÇÃO DE RESPEITO

Escolher o título deste capítulo gerou-nos reflexões fecundas: afinal, não é óbvio que o respeito mútuo entre os pais e a escola seja importante? Se ambas as instituições, escola e família, têm por objetivo o bem da criança, como poderia ser diferente? Se tanto a escola quanto a família têm por função educar e cuidar, por que não haveria respeito?

O professor e filósofo José Sérgio de Carvalho (2016, p. 30) pondera que

> [...] família e escola têm interesses comuns, mas também perspectivas e procedimentos distintos e, por vezes, conflitantes. O ideal de uma fusão ou pelo menos de uma profunda harmonia entre essas duas instituições não é só irrealizável; é indesejável. Seu preço seria a descaracterização de ambas, com graves prejuízos às crianças que se veriam privadas da pluralidade de experiências, da diversidade de modelos e possibilidades de escolhas.

Escola é lugar do coletivo, do público, do "para todos"; família é lugar do individual, do íntimo, do privado, do "cada um". É do encontro dessas diferentes perspectivas, muitas vezes conflitantes e antagônicas, que se pode criar um espaço de diálogo criativo – não para neutralizar o papel de uma ou outra, mas para potencializar cada uma em sua especificidade. Assim, "uma relação de respeito" significa levar em consideração o ponto de vista dos pais, a perspectiva da família, sem deixar de lado o que é próprio da escola.

Há uma fonte de conflito permanente na relação entre escola e família que decorre do paradoxo de atender a cada um numa lógica que seria para todos, numa submissão do individual às regras do coletivo. Ora, o grande desafio para a escola é permitir que o singular de cada criança se manifeste, que os anseios dos pais em relação aos filhos sejam acolhidos e legitimados – ainda que a escola não altere seus procedimentos e regras sempre que os pais apresentem uma demanda nova.

Entrar na escola, sobretudo na educação infantil, significa, entre outras coisas, aprender a se separar, o que exige esforço tanto dos pais como da própria criança. E, como mencionamos no Capítulo 11, demanda também flexibilidade e muito cuidado por parte da escola.

A escola proporciona à criança novas maneiras de brincar, de receber cuidados, de aprender, partindo de um repertório sociocultural, linguístico e artístico diferente do da família. Isso amplia suas vivências, mas pode gerar tensões em virtude de os pais perceberem que não têm total controle sobre o que é apresentado ao filho. Ruídos também surgem quando os pais discordam de certas escolhas da escola – seja em relação a uma história, a um item do lanche ou a um assunto específico.

Outro aspecto que por vezes gera certo desencontro entre os pais e a escola está na forma como cada lado enxerga a criança. É frequente que a escola ressalte determinadas competências da criança quando os pais ainda a veem como muito pequenina e dependente. Por exemplo, quando passamos a oferecer suco ou leite no copinho e os pais insistem no uso da mamadeira; ou quando sugerimos que a criança carregue a própria mochila e os pais mantêm o hábito de trazê-la à escola no colo.

Como a escola é lugar de encontro entre várias crianças, cujas tradições familiares também são diversas, os alunos podem trazer brinquedos ou roupas que não sejam compatíveis com os ideais de outras famílias. Cabe à professora, acompanhada pela coordenação pedagógica, refletir sobre a seleção de conteúdos a ser apresentados às crianças e sobre como acolher e aproveitar as contribuições trazidas pelos alunos. Mas o que fazer quando uma criança fala palavrão, traz jogos eletrônicos ou canta músicas com letra violenta e maliciosa?

Ainda que os profissionais da escola reflitam sobre que conteúdos são pertinentes a cada turma, não nos cabe julgar as escolhas particulares das famílias nem exercer qualquer tipo de censura ou julgamento moral. Certamente, algumas referências trazidas pelas crianças – como um bom livro ou filme – são muito bem-vindas e ampliam as possibilidades de aprendizagem. Outras, porém, demandam certo "tratamento" para ser aproveitadas.

Se o que chega com a criança é uma letra de música com conteúdo malicioso ou palavrões, cabe ao professor observar a repercussão disso para o grupo e avaliar a melhor forma de intervir: é caso de conversar individualmente com a criança que falou palavrão, simplesmente informando que na escola não usamos essas palavras? Ou seria melhor fazer uma conversa em grupo, explicando que alguns desses termos podem ofender ou incomodar outras pessoas; que adultos falam palavrão quando estão nervosos ou entre amigos, mas não é educado falar em qualquer lugar ou com quaisquer pessoas?

Essas situações costumam ter repercussões em casa e geram queixas dos pais: "Eu nunca falo palavrões na frente do meu filho, quem ensinou isso a ele?" Nesse caso, a escola também precisa ponderar se é apenas uma curiosidade própria da idade ou se a criança está, por meio dos palavrões, expressando uma dificuldade especial. E, com base nessa observação cuidadosa, decidir por uma conversa com os pais numa reunião coletiva ou mais reservada com uma família ou outra.

Vamos a um exemplo que nos permitirá avançar na discussão.

Camila, de 14 meses, frequenta o Berçário desde os 7 meses. Teve uma adaptação relativamente fácil, sua rotina está bem organizada e apresenta um desenvolvimento satisfatório para sua idade. Conforme o previsto e já combinado com a mãe, passou para o Grupo 1 em fevereiro, após duas semanas de férias, e consequentemente, pela organização da nossa escola, começaria a jantar em casa.

É importante ressaltar que, antes das férias, Camila havia visitado várias vezes o espaço do Grupo 1 e conhecido alguns colegas; também já conhecia a professora, que era responsável pelo Berçário no período da manhã. Nessas ocasiões, mostrou-se alegre com as novidades, brincou bastante e nos pareceu bem confortável com a passagem ou mudança de turma.

No segundo ou terceiro dia de aula, porém, sua mãe ligou para a escola aflita, dizendo que nada estava dando certo: Camila ficava muito agitada no final da tarde, chegava em casa rebelde, sendo impossível acalmá-la para dar-lhe banho e jantar... Pedia autorização para dar o jantar à menina na escola, assim que chegasse para buscá-la. Surgia então um impasse: como acolher a aflição da mãe e encaminhar seu pedido sem abrir um precedente que por certo acarretaria complicações no manejo do grupo, no planejamento da professora e também no processo de inserção da própria Camila na rotina do novo grupo?

A partir do Grupo 1 a escola não serve jantar às crianças, sendo proibido trazer refeições quentes (mesmo almoço) de casa por uma orientação da vigilância sanitária; além disso, seria um tanto estranho que a mãe oferecesse jantar à filha enquanto outras crianças estivessem brincando ou realizando atividades com a professora, ainda que perto do horário da saída, já que não dispomos de um refeitório. Por outro lado, a situação descrita pela mãe era real e merecia ser escutada.

Avaliamos que não era possível atender ao pedido da mãe, pois seria um retrocesso se Camila passasse a jantar na escola com a mãe quando já o fazia no Berçário, com a professora, sem dificuldade. Também ponderamos que começar a andar e usufruir do espaço usado pelo Grupo 1 era mais cansativo, sendo preciso dar à menina algum tempo para que se acostumasse com o novo ritmo. Combinamos, ainda, que tentaríamos criar o hábito de colocar Camila para dormir um pouquinho antes do final da tarde, para que ela chegasse em casa mais disposta para o banho e o jantar. Por fim, decidimos que a menina poderia jantar no Berçário, por mais algumas semanas, até que todos estivessem acostumados com a mudança. Ao final de uma semana, a própria mãe, mais calma, tomou a iniciativa de fazer uma nova tentativa de oferecer o jantar à filha em casa, o que ocorreu com sucesso.

Essa situação, embora bastante prosaica e com desfecho favorável, mostra que mesmo sem realizar o pedido da mãe foi possível considerá-lo, acolhê-lo e flexibilizar a organização da escola de forma que uma questão individual fosse atendida sem ferir o coletivo. Pareceu-nos que o mais importante aqui foi a mãe se sentir escutada e respeitada em sua aflição, além do empenho das professoras em garantir o bem-estar da pequena.

Outro exemplo, que se repetiu em diferentes momentos da história da escola, permite mais algumas reflexões: o agrupamento de crianças com 4 e 5 anos, numa turma com cerca de 18 alunos.

A escola adota a formação de agrupamentos de idade a depender do número de crianças matriculadas a partir dos 3 anos. A nosso ver, é fundamental para a socialização e para o enriquecimento das experiências escolares que haja um número mínimo de crianças por turma e, quando possível, certo equilíbrio entre a quantidade de meninos e meninas. Assim, em várias ocasiões, tomamos a decisão de agrupar os alunos de 3 e 4 anos ou de 4 e 5 anos, formando um Grupo 3 e 4 ou um Grupo 4 e 5 – sempre com 18 alunos no máximo.

Embora seja uma prática consolidada na escola e tenhamos segurança de que as crianças se beneficiam bastante com a formação de grupos heterogêneos, várias vezes sofremos críticas dos pais – cujas preocupações são legítimas, mas em geral fruto de concepções equivocadas sobre a aprendizagem e as formas infantis de interação. Argumentam, por exemplo, que, se conviverem com crianças mais novas, as mais velhas vão regredir em comportamento ou na aprendizagem de conteúdos, ou que as mais novas ficarão submetidas às ações das mais velhas, sofrendo agressões. Tais ideias revelam a crença de que é factível uma convivência em grupo sem conflitos, de que seria possível nivelar todos os alunos – como se nos grupos em que todos têm a mesma idade não houvesse dificuldades nem diferenças, disputas.

Ora, independentemente dos critérios utilizados para a formação dos grupos, os conflitos estão presentes e fazem parte de toda e qualquer interação humana. É justamente a convicção de que cada criança tem um ritmo próprio e de que os conflitos são oportunidades de avançar no processo de desenvolvimento e aprendizagem – desde que acompanhados e manejados pela professora – que nos permite trabalhar com a diversidade no grupo, incluindo as crianças que apresentam um ritmo mais lento ou até algum comprometimento neurológico, psíquico ou físico.

Diante desses impasses, tomamos como baliza os princípios éticos que regem todo o trabalho da escola, o que por vezes deixa alguns pais temporária ou definitivamente insatisfeitos, e insistimos na manutenção desse tipo de organização de agrupamentos. Porém, como a divergência de opiniões e os conflitos também fazem parte da relação entre pais e escola, buscamos manter o canal de diálogo sempre aberto, escutamos as queixas dos pais com respeito e observamos o andamento do trabalho desses grupos com especial atenção. De fato há agrupamentos cuja dinâmica é mesmo mais conflituosa e difícil de manejar, independentemente da junção de idades. Tudo isso requer apoio maior à professora, além de reuniões ou entrevistas mais frequentes com os pais.

Ao longo dos anos, observamos que alguns pais, sobretudo mães, se ressentem muito com o fato de que na escola a criança não vá receber precisamente os mesmos cuidados que julgam os melhores ou os mais corretos. Seja nas orientações médicas, seja nas escolhas pedagógicas, não há consenso sobre o que é melhor para todas as crianças; assim, sempre haverá práticas escolares que não correspondem exatamente ao que era esperado pelos pais. É justamente essa diferença entre o ideal e o possível, entre a educação familiar e a educação escolar, que dá espaço para que cada sujeito-aluno amplie sua experiência, aprenda com as diferentes realidades da casa e da escola e se perceba único.

A escola de educação infantil tem o privilégio e o desafio de acompanhar algumas famílias no início de sua formação. Ao receber um bebê com 4 meses de vida no Berçário, quase sempre estamos diante de pais com mais dúvidas que certezas, mais inseguranças que garantias. Assim, além da tarefa de educar e cuidar dos pequenos alunos, temos o desafio de colaborar e cooperar com os pais de forma que desempenhem da melhor forma possível seus papéis. Dessa forma, a criança cresce saudável e com mais condições de aprender; o trabalho dos pais e da escola é facilitado e se torna mais efetivo tanto do ponto de vista da educação como do da saúde da criança.

As reuniões de pais são uma oportunidade para que professores e a coordenadora apresentem o trabalho do semestre, esclarecendo em linhas gerais os conteúdos e objetivos previstos para a turma. É também um momento que permite a troca de experiências entre os pais, que, com filhos em idade próxima, costumam compartilhar dúvidas e dificuldades. O foco da conversa está no grupo, nos projetos e atividades que envolvem todas as crianças.

A fim de evitar a exposição de aspectos íntimos de cada família, não é conveniente numa reunião coletiva tratar de questões individuais. No entanto, é natural que cada mãe ou pai faça perguntas partindo da perspectiva dos próprios filhos. Então, cabe à professora e à coordenadora conduzir a conversa para o que é mais geral, característico da faixa etária ou da dinâmica do grupo e, se necessário, encaminhar o assunto para uma conversa reservada em outro momento.

O fato de os pais poderem entrar na escola para deixar os filhos diretamente com a professora ou auxiliar da turma garante um contato direto, ainda que rápido, que permite a troca de informações sobre a criança, recados ou preocupações. Tais informações podem ser complementadas pela troca de bilhetes pela caderneta, que vai e volta para casa diariamente. Esse procedimento, embora bastante informal, permite-nos identificar os principais focos de preocupação dos pais – alimentação, sono, higiene, alfabetização, agressividade – e ajustar a comunicação escrita da professora com o que é mais importante para cada família. Embora esse seja um canal direto entre pais e educadores, às vezes a coordenação interfere nessa comunicação, seja orientando uma professora, seja complementando informações ou detectando problemas que podem ser resolvidos numa entrevista e com sua mediação.

A caderneta é um caderno pequeno comum, trazido diariamente pelos alunos, no qual os professores registram dados objetivos da rotina e relatam algo breve sobre o período em que a criança permaneceu na escola. Facilita, assim, a continuidade de cuidados da criança e o acompanhamento dos pais da vida escolar (a introdução de uma nova história, uma atividade especialmente apreciada pela criança ou questões de interação entre os colegas, por exemplo). No caso de bebês (Berçário e Grupo 1), o registro é diário, mas a partir do Grupo 2 pode ser mais espaçado. Conforme as crianças crescem e conseguem relatar verbalmente novas vivências, o relato da professora torna-se mais eventual, restringindo-se a recados objetivos ou a questões mais complexas.

Nem todos os pais leem a caderneta ou a "adotam" como canal de comunicação. Alguns, por outro lado, enviam longos bilhetes e gostariam que a professora escrevesse o que aconteceu todo dia, com detalhes. Os mal-entendidos que a linguagem provoca são vistos como oportunidades de conversar mais ou se posicionar melhor. Sabemos que cada um se relaciona de um jeito com a comunicação escrita e não pretendemos padronizá-la, mas procuramos garantir que a caderneta garanta que a criança seja bem cuidada tanto em casa quanto na escola e estreite os laços entre pais e professores.

A professora costuma trazer questões importantes sobre as crianças, inclusive algumas já comentadas com os pais por caderneta ou pessoalmente, nas reuniões semanais com a coordenadora. Uma vez identificados problemas (dificuldade na alimentação, no sono, no desfralde, mordidas, choro excessivo nas despedidas, queixas da criança, dificuldade de inserção no grupo, atraso na aquisição da fala e assim por diante), a coordenadora convida os pais para uma conversa, geralmente com a professora presente. Talvez sejam os pequenos impasses próprios da primeira infância – que pedem uma ou outra orientação; porém, quando persistentes e muito intensos, podem ser considerados sinais de sofrimento psíquico, que exigem encaminhamento a profissionais da saúde.

Quando estamos diante de uma criança com dificuldades de aprendizagem ou de comportamento, sempre nos perguntamos o que está acontecendo. Invariavelmente, chegamos aos pais, que, numa visão mais simplista, são frequentemente colocados na posição de culpados. É claro que os pais têm responsabilidades sobre os filhos e que suas formas de ser e de viver influenciam a formação da criança. Porém, culpa e responsabilidade são aspectos diferentes da questão e, quase sempre, os pais também estão sofrendo e não sabem como resolver os problemas. Assim, mais do que de acusações, necessitam de apoio, compreensão e orientação.

Sair do embate com os pais, evitar o confronto direto e contornar a situação com abertura para escutar o outro, favorecendo a empatia entre pais e professora, aumenta a possibilidade de que todos compreendam melhor a criança e seus impasses. Na maior parte das vezes, cada um faz suposições sobre o que pode estar indo mal com a criança, mas a troca de impressões e expectativas amplia a possibilidade de adotar medidas que a ajudem.

Independentemente do grau de dificuldade apresentado pela criança, é importante haver muita disponibilidade de escuta por parte da escola. Às vezes são necessárias diversas abordagens e várias entrevistas para que se dissolvam mal-entendidos e se possam encontrar soluções satisfatórias para a criança, além de possíveis para os pais e a escola. Como exemplificaremos melhor no Capítulo 15, os encaminhamentos para outros profissionais devem ser feitos com cuidado, com base na construção de uma demanda dos pais, de maneira que sejam compreendidos como uma boa saída para a família e não como uma acusação.

A IMPORTÂNCIA DE NÃO JULGAR

Quando falamos de mães e pais, certamente estamo-nos referindo a uma imagem – uma representação mental que cada um de nós tem sobre o que é uma mãe, um pai, uma família. Em geral, tal imagem carrega ideais ou estereótipos, que nos servem de referência para interpretar mães e pais de carne e osso, conduzindo-nos facilmente a julgamentos levianos. No entanto, a parentalidade é muito mais complexa: a relação mãe/pai-filho se constrói e se modifica ao longo do tempo e de acordo com as circunstâncias, não constituindo um sistema fechado.

Assim, pequenas mudanças no nosso discurso podem fazer grande diferença na relação que estabelecemos com os pais, como trocar "Essa mãe *é* ansiosa" por "Essa mãe *está* ansiosa"; "O pai *não tem jeito* para segurar o bebê" por "O pai *ainda não encontrou um bom jeito* para segurar o bebê". Por mais que as figuras parentais que tivemos nos acompanhem na formação dessa imagem idealizada, devemos, como profissionais, fazer um esforço consciente para esvaziá-la e continuamente nos abrir às peculiaridades de cada mãe, pai, bem como às múltiplas configurações familiares, como um pai ou uma mãe que cria seus filhos sozinhos ou um casal homoafetivo, por exemplo.

Tânia Campos Rezende e Vitória Regis Gabay de Sá

Em geral, a comunicação com os pais de crianças que apresentam certas dificuldades é mais árdua do que a com os pais de alunos que estão caminhando bem no processo escolar. Consideramos, porém, que tal situação não ocorre por acaso: talvez se trate de problemas na escola, com os colegas ou com a professora; talvez as dificuldades da criança reflitam questões familiares não resolvidas ou funcionem como ponto de tensão intrafamiliar. Nosso papel nesse caso é o de avaliar e detectar problemas, mas também caminhos e orientações para que os conflitos se tornem mais conscientes e passíveis de resolução. A postura da escola deve ser, em primeiro lugar, de autocrítica.

13. A PARTICIPAÇÃO DOS PAIS NO ESPAÇO ESCOLAR

Uma das funções da escola de educação infantil é auxiliar os pais a se tornar pais. Ao fim da licença-maternidade, quando levam o bebê para o berçário, eles têm somente alguns meses de experiência na função materna e paterna; na maioria das vezes, ainda não conhecem em detalhe as preferências e a rotina do filho, que mudam constantemente nessa fase. Se matriculam a criança com 1 ou 2 anos, geralmente não é muito diferente, pois quando estavam se acostumando a conviver com aquele serzinho ele começa a andar ou a falar e a contrariar tudo que eles achavam que já sabiam.

Porém, o conhecimento que os professores têm sobre crianças é de outra ordem e não pode competir com os saberes dos pais: ensinar uma criança a comer na escola, junto com colegas de mesma idade, é totalmente diferente de ensinar o próprio filho a comer com a família. Rivalizar com os pais porque na escola algo dá certo e em casa não é contraproducente na missão de ajudá-los. Para fortalecê-los em sua parentalidade, uma professora pode contar e explicar o que faz, como entende o desenvolvimento infantil e o que percebe da criança, agindo com empatia – mas sem ditar regras sobre o que devem ou não fazer em casa. Claro que aqui estamo-nos referindo a impasses comuns, pois um caso de violência ou maus-tratos exige orientação profissional especializada.

A presença dos pais é frequentemente evitada em algumas escolas pela situação oposta à citada: sentindo-se seguros em relação à forma como criam seu filho, tentam dizer aos professores como agir. Alguns, apesar da pouca ou inédita experiência, têm uma sintonia apurada com o filho e identificam com facilidade seus humores, competências, fragilidades e interesses. De modos variados, encontramos sempre uma estratégia para estabelecer a devida diferenciação entre os espaços doméstico e escolar, cultivando a confiança dos pais no trabalho dos profissionais da escola e aceitando críticas e contribuições.

A escola é um espaço extrafamiliar no qual os pais trocam ideias, orientações práticas, apoio logístico e emocional. Mais do que num parque público ou num clube, eles criam laços de amizade e solidariedade, já que se encontram diariamente e compartilham experiências e rotinas. Nesse sentido, a escola deve possibilitar a convivência e propiciar oportunidades de encontro – sem grandes formalidades, mas de modo cuidadoso, a fim de evitar que isso interfira negativamente em seu trabalho.

A entrada e a saída são momentos preciosos, sendo conveniente dispor de um espaço delimitado para que pais e cuidadores se encontrem com as crianças e os professores. Trata-se de um lugar intermediário: ali, a criança é tanto aluna da professora como neta da vovó; é aluna do Grupo 3, colega do Pedrinho e também irmã do adolescente que veio buscá-la. Isso permite aos educadores entender melhor a relação da criança com seus familiares e se aproximar de seu universo privado, o que pode ser valioso para compreender certas particularidades de alunos que mal sabem falar, por exemplo. Já os pais veem seu filho brincando em meio à turma, mesmo que por poucos minutos, e têm a possibilidade de conversar diretamente com a professora. As babás são figuras fundamentais na vida das crianças e participam ativamente desses momentos – nenhuma escola pode compactuar com atitudes de discriminação em relação aos trabalhadores domésticos, que também exercem funções de cuidado e educação.

Além da comunicação pessoal e mais informal, que ocorre nos horários de entrada e saída, utilizamos alguns instrumentos para facilitar e garantir um bom trânsito de informações: as entrevistas com professores, as entrevistas com a coordenação e as cadernetas.

Numa perspectiva institucional, ou seja, para uma comunicação mais geral entre escola e pais, são enviadas circulares, que se prestam a informar a comunidade escolar a respeito de procedimentos para matrícula ou reserva de vagas, custo de mensalidades, eventos a ser realizados na escola, atividades extracurriculares, orientações de saúde. Tais circulares são encaminhadas por e-mail e por caderneta. Trata-se de um instrumento importante, uma vez que é abrangente e pretende informar a todos, mas, como já citamos, os mal-entendidos da comunicação são inevitáveis. Portanto, muitas vezes as circulares suscitam dúvidas ou questionamentos que são esclarecidos por meio de bilhetes, e-mails ou conversas pessoais.

Outro espaço de troca de ideias e informações é o jornal da escola, a *Folha de Jacarandá*. Bimestral, ele é produzido com ampla participação de pais, mães, professores e crianças. A cada edição realizamos uma reunião para definir a pauta – alimentação, limites, comunidade e linhas pedagógicas são alguns dos temas que já apareceram no jornal – e dividir as tarefas. Quem não pode participar da reunião presencialmente acompanha a troca de e-mails e dá opiniões e contribuições para o tema escolhido. A coordenação do trabalho é feita pela direção da escola, mas a tarefa de entrevistar crianças e adultos da comunidade, criar ilustrações, pesquisar sobre o tema escolhido, escrever as matérias, editá-las e revisá-las é compartilhada entre pais e equipe de direção. O resultado é uma bonita colcha de retalhos, que busca explicitar os questionamentos dos pais, discutir temas da atualidade relativos a infância, educação e saúde e, ainda, apresentar o posicionamento da escola em relação a tais temas. Eventualmente, contamos com a contribuição de pediatras, psicanalistas ou nutricionistas, que nos apresentam uma visão mais técnica da questão abordada.

Apesar da existência de site, blogue e redes sociais, percebemos que as mídias cumprem funções diferentes. O jornal impresso publica textos mais elaborados e anuncia notícias com mais antecedência – pode ser lido em qualquer lugar, sendo ainda um veículo fácil de compartilhar diretamente com as crianças. Algumas turmas inclusive participam da edição, com ilustrações ou elaborando pequenas notas.

Ao contrário das circulares, o jornal admite uma linguagem mais informal, com um toque de poesia e humor. Além disso, sua elaboração requer que os pais venham à escola em outros horários, façam fotografias ou entrevistas – enfim, conheçam a instituição de outro modo. A produção do jornal é mais uma via para conhecer os assuntos que interessam aos pais, suas dúvidas e queixas, bem como suas opiniões e seu modo de perceber o trabalho da escola. O processo é rico para ambos os lados e por diversas vezes nos fez pensar: temos receio de que os pais conversem diretamente com alguma professora ou funcionária? Que eles vejam a escola em um momento "bagunçado"? Por quê?

Uma das estratégias mais importantes para cultivar laços entre pais e escola é a realização de eventos abertos às famílias, geralmente aos sábados. Datas festivas e típicas de nossa cultura, como festa junina e dia das crianças, são pretextos para a promoção de encontros de pais e professores – parte fundamental de um projeto pedagógico que valoriza a convivência e a aprendizagem coletiva. Um dos objetivos principais das festas é que todos se divirtam e brinquem no ambiente escolar, convivendo com adultos e crianças de vários grupos. A escola, assim, passa a ser um local cada vez mais querido, aconchegante, interessante, prazeroso. Os esforços dedicados a tais eventos, portanto, não são em vão, pois criam um ambiente favorável a atitudes de cooperação, de cuidado e de respeito mútuo.

Uma das mães, em depoimento ao jornal da escola, afirma:

> Estar em grupo significa conviver em sala de aula, mas também nos eventos, o que pressupõe um tanto de investimento de todos – dos que decoram a escola, dos que imaginam as brincadeiras ou músicas e interações, dos que deixam seus afazeres de lado para estar em comunidade. Por incrível que pareça, a festa também é uma prática a ser desenvolvida e apropriada, para virar patrimônio de todo mundo. [...] As festas cumprem um papel importante de educação para a comunidade, para o viver junto, para a troca de experiências, para o "tornar-se disponível", e isso também faz parte da educação – das crianças e da nossa.

Priorizando-se tais objetivos, as festas também atuam para:

- apresentar (vivencialmente) aspectos do nosso projeto pedagógico;
- exibir e socializar produtos do trabalho das crianças na escola;
- fortalecer o vínculo das famílias com a escola;
- auxiliar na entrada na escola ou readaptação à rotina escolar com uma experiência prazerosa e com a participação dos pais;
- comemorar o encerramento do semestre letivo e despedir-se para o período de férias com uma experiência significativa e prazerosa;

- marcar a passagem do tempo, vivenciando seu caráter cíclico;
- interagir com elementos da cultura brasileira, ampliando o repertório por meio de um festejo típico da época, além de auxiliar na formação de uma identidade nacional;
- integrar pais, alunos e escola num projeto comum, desenvolvendo a cooperação, a gratificação pelas próprias realizações e o fazer em grupo;
- abrir a escola para a presença conjunta de familiares e amigos.

Nas festas, os pais participam de diversos modos: apreciando uma exposição, engajando-se em oficinas ou brincadeiras abertas, realizando uma atividade específica com a turma de seu filho, contribuindo com um prato numa mesa de lanche comunitário ou até no planejamento e na montagem do evento em si. O convite é feito por meio de circular, na qual abrimos possibilidades dentro de um programa previamente pensado pela escola – em certos casos, o programa todo muda! Consideramos fundamental que seja realmente um convite e não uma convocação: a escola se organiza para a realização dos eventos e se abre para a colaboração de quem quiser e puder, sem pressão nem chantagens emocionais.

As opções são muitas e variadas: reunião para troca de ideias, divisão de tarefas (um pai elabora o convite, outro faz as fotografias, um faz cotação de serviços, outro escolhe as músicas), horário combinado para quem puder ajudar na decoração, oficina de confecção de prendas na hora da entrada. É gratificante para quem participa, muitas vezes reativando antigos talentos que ganham novo sentido com filhos pequenos, e estes se mostram orgulhosos ao ver que "foi minha mãe que fez". O interesse genuíno dos pais acerca das atividades escolares é um motivador poderoso para qualquer criança.

Nesse sentido, a presença dos pais nos projetos de sala de aula é bem-vinda, mas precisa ser planejada antes pelos professores e combinada com o grupo de crianças. Quando a turma está voltada para uma pesquisa ou construção coletiva, uma das maiores aprendizagens é aprender a aprender: como saber o que não sabemos? Onde buscar as respostas para nossas perguntas? Quais são as fontes de informação e ajuda? Ao lado da experimentação ativa, da conversa em grupo, da leitura de textos ou imagens em livros e na internet, o contato com pessoas mais velhas e experientes, profissionais ou não, é muito valioso.

Por exemplo: uma turma que pesquisava animais marinhos descobriu que o pai de um dos alunos gostava de mergulhar. A professora logo lançou a sugestão: será que ele pode vir aqui falar sobre isso? As crianças se animaram e a professora conversou com a coordenadora sobre essa possibilidade: como fariam o convite? Haveria um horário determinado para propor ao pai ou a escola se adaptaria à disponibilidade dele? Quanto tempo duraria a apresentação dele? Seria interessante preparar previamente com a turma algumas perguntas ou deixar que as questões surgissem de forma espontânea? Antecipar algumas informações é importante, tanto para crianças mais tímidas quanto para as extrovertidas: qual é o nome de quem vem, quando será a visita, ele/ela vai mostrar algum material, poderemos ou não mexer nesse material etc.

Infância, liberdade e acolhimento

Tais questões de ordem pedagógica servem de referencial à professora que vai receber o convidado e também podem ajudar as crianças e os pais a se comportar em situações novas, tornando a visita agradável e produtiva. Alguns adultos não têm ideia de como falar com crianças tão novas e da quantidade de informações que vale a pena disponibilizar. Na turma do exemplo, o pai levou o equipamento de mergulho, fotos e vídeos feitos por ele, contou suas vivências e compartilhou muito do que sabia. Surgiram novas questões ("não devemos jogar plástico no mar, pois a tartaruga pode achar que é um peixe, comer e morrer asfixiada") e o projeto ganhou tanta vida que o grupo decidiu montar um aquário marinho na escola, que perdura até hoje.

Qualquer área pode ser trabalhada em cooperação com os pais, cabendo à escola o papel de potencializar os saberes familiares. As artes e a música são ideais para congregar pessoas, e abrimos espaço, em festas, projetos ou até informalmente, para que pais, avós e outros familiares ou amigos levem seus talentos às crianças e à comunidade escolar.

Há mais de dez anos, abrimos a escola para momentos informais de música ao vivo, pensando na proximidade – tanto física quanto relacional – da criança com essa arte. O projeto consiste em convidar músicos profissionais ou amadores para tocar, durante o período de aulas ou no horário de entrada ou saída. Batizado de "Música ao pé do ouvido", traz a música para perto de nós, tocada e/ou cantada como um segredo que guardamos com carinho. O convidado se apresenta, conversa um pouco com as crianças, mostra seu instrumento e toca trechos ou músicas de que gosta. Pode falar sobre como começou a tocar, sobre a história de seu instrumento, sobre o compositor de que mais gosta – enfim, de modo informal, acompanha os comentários das crianças e responde a perguntas. O objetivo é cultivar atitudes de respeito, escuta e curiosidade durante a breve apresentação. Em seguida o convidado pode tocar mais algumas músicas, quando as crianças são convidadas a brincar ou dançar, se assim sentirem vontade, desde que não atrapalhem a audição. Se o convidado vier em horário de entrada ou saída, o momento de fruição será compartilhado com pais e cuidadores.

Tânia Campos Rezende e Vitória Regis Gabay de Sá

Consideramos fundamental que as crianças aprendam a ouvir, o que inclui não só fazer silêncio enquanto alguém fala ou toca/canta, mas se abrir com interesse e admiração ao outro. A ideia, em resumo, é criar um espaço informal e prazeroso, em que as crianças e o músico interajam e compartilhem o prazer da música. O projeto "Música ao pé do ouvido" também já abriu as portas aos ex-alunos – experiência marcante para todos – e nos fez vislumbrar a potência dessa interação, que merece ser aproveitada e celebrada.

V • AS CRIANÇAS "DIFÍCEIS"

14. SINGULARIDADE *VERSUS* COLETIVIDADE

Frequentar a escola, sobretudo na educação infantil, é uma das primeiras oportunidades de uma criança pequena entrar em contato de maneira frequente e sistemática com pessoas de fora da família e com outras crianças de idade próxima.

Frequentar a escola implica, tanto para a própria criança como para os pais, participar de uma instituição com regras, rotinas e horários que valem para todos. Assim, a criança se torna "mais uma na multidão", tendo os mesmos direitos e obrigações que os demais alunos. A atenção da professora é compartilhada, os brinquedos e materiais são de todos, as regras valem para a coletividade. Além disso, os conteúdos e objetos de conhecimento são apresentados a todos, sem distinção.

No entanto, justamente por ser um espaço coletivo e organizador – no qual cada criança precisa construir recursos próprios para se expressar, mostrar gostos, preferências e apresentar habilidades –, a escola pode ser lugar de valorização da singularidade e da subjetivação de cada aluno. A experiência de pertencer a esse espaço coletivo – no qual é vista de forma diversa daquela apresentada pela família, podendo se identificar com colegas e tomar posições diferentes das que costuma adotar em casa – costuma ser terapêutica, no sentido de abrir novas possibilidades de ação, de compreensão do mundo e também de autoconhecimento.

Ao receber um aluno novo na educação infantil, estamos sempre diante de um enigma, de um vir a ser, de um sujeito cuja subjetividade está em formação e, portanto, indefinida. É papel da escola contribuir para que as interações e relações da criança com os colegas, a professora e a família sejam o mais ricas possível e não definidas e restritas a uma ideia preconcebida de criança.

Frequentemente encontramos crianças chamadas de "difíceis", por diversos motivos: resistem à aprendizagem ou aos cuidados diários, perturbam o convívio escolar, mostram-se excessivamente apáticas ou agressivas – ou seja, não correspondem ao modelo de bom aluno.

Das crianças ditas "normais", é esperado que se comportem "normalmente" ou "naturalmente", "como todas as outras", como as crianças de sua idade, que aceitem bem as intervenções educativas sem grande resistência. Há ainda expectativas relacionadas ao gênero, à condição social e ao grupo cultural (nacionalidade, religião), todas devidamente incluídas em uma "etiqueta" que classifica os alunos de modo preconcebido. Aqueles com alguma deficiência recebem, além de um rótulo que os nomeia, um protocolo de procedimentos e expectativas ajustados ao caso.

Muitas vezes, as crianças com deficiência se acomodam bem àquilo que se espera delas, não sendo consideradas difíceis. Chamamos de "crianças difíceis" aquelas que nos forçam a sair da tentação da "pedagogia científica", da pedagogia de resultados, da manutenção do professor como detentor de todo o saber e poder. São as que em geral mais desafiam o professor, pegam no seu ponto fraco, colocando a experiência prévia e seu saber constituído em dúvida, pois resistem a se modificar, a ser tratadas como objeto – e, portanto, impelem-nos a criar algo novo, a abrir os olhos e ver um horizonte mais amplo.

Afinal, como educadores, de que forma lidamos com o que nos parece estranho e desconhecido? A criança "difícil" tem mesmo um problema ou estamos diante de questões de outra ordem, como a dificuldade do próprio professor de flexibilizar suas posições a serviço daquela criança e, portanto, de todo o grupo? Ou, por vezes, de aceitar usos e costumes familiares que diferem do que convencionalmente se observa entre a maioria dos alunos?

Tanto as crianças deficientes como as difíceis contrapõem-se ao modelo de criança ideal: "Pais e educadores desejam 'crianças-modelo' que aceitem as normas em todos os pontos, crianças assépticas, assexuadas, que lhes garantam a 'paz'" (Cifali e Imbert, 1999, p. 28). Aquelas que não correspondem às expectativas dos professores perturbam a paz idealizada e, em virtude da grande ameaça que representam a toda a concepção solidamente enraizada de infância, precisam se encaixar em outra classificação.

Infância, liberdade e acolhimento

A criança que sai da norma frustra o professor e fere seu narcisismo, já que o que ele faz não dá certo. Também fere o narcisismo da equipe de orientação educacional, coordenação pedagógica e direção, cujos saberes não se mostram eficientes, e causam o temor de que isso prejudique a imagem da escola. Ao constatar que os demais alunos não apresentam as mesmas dificuldades, é comum localizar o problema naquela criança – em seu corpo, em sua mente, em sua origem, família ou condição social. Essa saída minimiza o mal-estar da escola de modo ilusório, já que não contribui para uma mudança na relação estabelecida entre professor e aluno e acaba culpando e segregando o aluno que não está bem.

Assim, a escola pode ser responsável pela patologização e pela medicalização de crianças que se mostrem resistentes às suas práticas, ou seja, transformar questões de aprendizagem e comportamento social em sintomas ou distúrbios médicos. Assim como o médico receita um remédio para as doenças do corpo, também se quer criar receitas para educar crianças – como se tornar-se sujeito em toda a sua potencialidade e complexidade fosse apenas resultado de um bom método. Não é difícil percebermos que um laudo médico não alivia o árduo trabalho que as escolas enfrentam na educação das crianças, em sua diversidade.

Diversas escolas públicas e particulares exigem laudos médicos para efetivar a matrícula de alunos com algum tipo de deficiência, embora contra a lei – quase sempre na ilusão de que, ao conhecer o diagnóstico, também terão uma receita de como lidar com o aluno. Ora, o médico pode identificar causas e consequências de uma alteração genética, de uma síndrome ou de uma paralisia cerebral, mas se não houver uma interlocução colaborativa e transdisciplinar entre os profissionais que acompanham a criança é quase impossível que o laudo ajude o educador a escolher as melhores estratégias para que ela aprenda e seja plenamente incluída no meio escolar.

Há vários anos, a inclusão de crianças com necessidades educativas especiais tem sido cada vez mais frequente nas escolas, seja por força de lei, seja por livre escolha dos educadores. Crianças que apresentam deficiências físicas ou sensoriais, malformações, atrasos graves de desenvolvimento ou comprometimentos psíquicos ou mentais são as que classicamente compõem o grupo "de inclusão", já que antes estavam segregadas em instituições especializadas. No entanto, pertencer à "turma da inclusão" já provoca, por si só, uma exclusão interna: elas estão dentro da escola, mas são discriminadas. Percebemos que há um caminho a ser trilhado para que deixem de ser identificadas como "inclusão", de ser tratadas como aquelas a quem se abre uma exceção para ser recebidas na escola regular. Com a participação dessas crianças em todos os espaços públicos e também nas escolas, esperamos e desejamos que daqui a alguns anos seja comum (e não mais digno de nomenclaturas) que todos estejam juntos, não importando suas condições, e que o termo "inclusão" perca seu sentido atual.

Se aceitamos com facilidade os rótulos já recebidos ou buscamos com sofreguidão um diagnóstico para nomear o incômodo que acontece, reduzimos a criança a um traço que é tomado como o todo. É como um semblante que se antepõe à nossa interação e fecha a possibilidade de escuta a outras manifestações do sujeito. O aluno, então, estará fadado a se comportar segundo seu quadro sintomático, repetindo, repetindo, repetindo... O incômodo se mantém ou às vezes se intensifica.

O diagnóstico poderia virar um ponto de partida para novos questionamentos de pais e educadores e as informações poderiam alimentar a busca de novas estratégias, porém o mais comum é que o discurso médico-científico funcione como um "tampão" para o buraco aberto pelo comportamento destoante e enigmático da criança. O discurso médico-pedagógico-científico acaba atuando como autorização à segregação e verdadeiro obstáculo ao pensamento.

Ao contrário de uma pedagogia que busca suas bases na neurologia, na fisiologia e na psicologia, ou seja, em postulados sobre a verdade da criança, o educador da primeira infância pode basear seu trabalho na interrogação do (des)encontro com cada aluno, considerado em sua subjetividade, desde que haja um espaço de escuta na instituição escolar, em que se sinta apoiado. Não o estudo minucioso de cada "fase" de desenvolvimento, não a análise de cada patologia ou deficiência, não a pesquisa sistemática dos conteúdos a ser ensinados, mas o que buscamos é a escuta atenta do que se tece entre educador e criança.

Infância, liberdade e acolhimento

Diante de qualquer criança com sinais de sofrimento, a escola, a família e os profissionais de saúde devem somar esforços na construção de um caminho possível, respeitando os devidos limites de cada área de atuação, mas tendo o sujeito como único, singular. O desafio é enorme; porém, se é nesse singular que deve incidir nossa atuação, não há receita pronta que responda a esse desafio: é preciso criar.

Partimos do princípio de que toda criança pode aprender e tem direito à mesma escola que todas as demais. Não importa se ela apresenta uma deficiência ou um desenvolvimento atípico: nós, educadores, devemos encontrar meios de lhe proporcionar oportunidades de aprendizagem. Isso só é possível quando superamos a ideia de que existe um ensino ajustado às necessidades da criança (que supomos conhecer com base nos estudos de desenvolvimento e pela idade cronológica), deixando de lado a crença de que nossos meios de ensino (ajustados às crianças normais) não vão funcionar.

Quando a escola particular é procurada para receber uma criança com deficiência ou distúrbios psíquicos, a reação inicial mais comum dos educadores é: "Não sei o que fazer, nunca trabalhei com crianças assim". Os centros de estudo pedagógico fortalecem essa crença, oferecendo cursos de preparação para a inclusão. Muitos profissionais e pais também seguem a linha de que os professores precisam aprender o jeito certo de trabalhar com a "criança X" – a saída está na técnica. Nós, porém, preferimos apostar na interação e na formação do vínculo professor-aluno (e também aluno-aluno, pais-escola) para que então se criem, se preciso, estratégias diferenciadas.

Buscar conhecimentos sobre as peculiaridades de quem não enxerga, não anda ou não fala, por exemplo, é essencial. Afinal, não se trata de negar que existam necessidades específicas e todo um conhecimento acumulado que pode ser acessado para contribuir com a convivência na escola. Para que uma criança com deficiência seja tratada como as outras, é necessário eliminar ou diminuir as barreiras de acesso aos conteúdos e experiências escolares – eliminadas as barreiras, a deficiência deixa de ser incapacidade e passa a ser encarada como uma condição daquela criança naquele momento. A eliminação de barreiras, condição para a real inclusão de todas as crianças nas atividades escolares, depende de reflexão, estudo e criatividade por parte da equipe docente, o que muitas vezes só é conquistado com parcerias multiprofissionais.

Quando tivemos uma aluna cega, contratamos uma assessoria que muito nos ensinou sobre a locomoção e a conquista de autonomia para crianças com deficiência visual, aprendizagem do Braille e alguns cuidados que precisávamos tomar para garantir sua segurança. O mais importante, porém, foi poder discutir com a equipe nossos medos, compartilhar experiências, dúvidas e receios. A promoção de reuniões foi fundamental para acolher também a angústia gerada pelo enfrentamento da realidade: para alguns, a incurabilidade do quadro; para outros, imaginar-se sem visão; para outros, ainda, a possibilidade de ter um filho com deficiência e possivelmente inúmeros outros aspectos que podem ter assustado determinados professores, enquanto outros não se sensibilizaram especialmente. Somente na convivência diária é que fomos incorporando práticas específicas que faziam sentido em nossa rotina, desmistificando ideias, acostumando-nos com aquela condição. Tomados os devidos cuidados, nossa intenção principal era a de que a menina pudesse brincar por iniciativa própria, explorando o ambiente e interagindo com os colegas.

Infância, liberdade e acolhimento

Outra experiência bastante intensa, que nos trouxe inúmeros desafios, deu-se quando recebemos um garoto de 3 anos e meio que já havia passado por duas escolas anteriores, porque tinha um comportamento agressivo e não havia encerrado o processo de desfralde. Além de apresentar um histórico familiar bastante tumultuado – os pais, àquela altura separados, não conseguiam se entender em relação ao modo de cuidar do filho e educá-lo –, o pequeno já havia sido diagnosticado com Transtorno de Déficit de Atenção/Hiperatividade (TDAH).

Tão logo o menino ingressou na escola, observou-se que era difícil para ele participar de atividades em grupo – costumava se esconder embaixo de cadeiras ou mesas ou saía da sala e se colocava em algum cantinho do pátio. Parecia um tanto assustado e, ao mesmo tempo, era como se não quisesse "dar o braço a torcer" quando era convidado a participar, pois colocava as mãos no rosto, chupava o dedo e só depois de algum tempo começava a observar o que a professora e o grupo faziam. A professora, aceitando sua recusa inicial, passou a realizar atividades próximas de onde o aluno estivesse – se ele fosse para o pátio, propunha uma roda naquele espaço; se estivesse embaixo da mesa, propunha uma pintura com todos sentados no chão, de forma que ele pudesse acompanhar mesmo que a distância – sem convidá-lo explicitamente, já que isso gerava uma resistência ainda maior.

Era um menino muito inteligente e esperto e logo começou a mostrar interesse em se aproximar, tornando-se muito ativo no grupo, com especial aptidão para as brincadeiras corporais e motoras. No entanto, qualquer pequena frustração desencadeava reações intempestivas e agressivas contra os colegas e a professora. Depois dessas situações, quando havia uma descarga de energia intensa, ele ficava cansado, aninhava-se no colo da professora ou da auxiliar e pegava no sono. Ao acordar, estava bem e voltava ao convívio com o grupo.

Ao longo dos três anos que permaneceu na escola, tivemos muitas conquistas em relação à aprendizagem e à sua interação com os colegas, mas houve momentos muito difíceis, em que o menino ficava extremamente nervoso e agressivo, ainda que tivesse um bom vínculo afetivo com colegas e educadores. Certos pais chegaram a sugerir que ele fosse expulso, argumentando que seus filhos não eram obrigados a suportar ataques terríficos como aqueles; além disso, algumas professoras pensaram em pedir demissão. Foi necessário realizar uma série de reuniões entre a equipe para conversar sobre os medos e as angústias que a intensidade de seu comportamento causava, além de realizarmos uma série de conversas com sua psicanalista, seu psiquiatra e sua família.

Buscamos supervisão e nos centramos nos momentos em que o garoto mostrava capacidade de se relacionar com os colegas, brincava, se divertia, tinha curiosidade e prazer nas atividades, para evitar que o medo paralisasse a todos. As crianças, de modo geral, o adoravam e ele era tanto o líder de pular corda quanto um dócil bebê na brincadeira de casinha. Toda a equipe se uniu e, em momentos de explosão agressiva, todos nos ajudávamos para ficar com o restante do grupo, protegendo os colegas e o próprio menino, para que ninguém se machucasse. Um cantinho com almofadas foi providenciado e funcionou como um espaço de escape para ele. Aos poucos, fomos aprendendo a lidar com aquela fúria, ao mesmo tempo que o ajudávamos a reconhecer quando estava chegando a seu limite.

O manejo de todo esse processo foi bastante desafiador, pois, apesar de todo nosso esforço, em vários momentos ficamos sem saber o que fazer. Diante disso, conversamos com sua família (chegamos a reduzir o tempo de permanência dele na escola para meio-período, já que estava matriculado em período integral, e combinamos momentos de descanso) e com os colegas da turma. Estes, em determinados momentos, ficaram assustados com seu comportamento, mas também tinham por ele enorme carinho, o que nos permitiu pensar com as crianças como elas poderiam agir quando o amigo estivesse muito nervoso – elas sugeriram que o garoto fosse para o cantinho das almofadas ou chamasse a professora para ajudá-lo.

Aceitar que temos limites é uma das mais difíceis constatações da vida – mesmo que isso seja elaborado em grande parte ao atravessarmos o complexo de Édipo, como nos ensina a psicanálise, continuamos sofrendo por perceber que não podemos ter aquilo que desejamos. Aceitar que não estamos fazendo um bom trabalho com determinado aluno é fundamental para alcançar essa meta um dia: reconhecer as dificuldades, os erros e limites é o primeiro passo para seguir em frente, talvez para mudar de direção ou pedir ajuda. No entanto, não podemos colocar um limite prévio nem deixar que o medo de falhar ou o preconceito se interponha entre a escola e a criança, obstaculizando suas possibilidades de crescimento antes mesmo que possamos conhecê-la melhor.

O principal é assumir que cada aluno que entra na escola é "um de nós"; portanto, não importa por que percalços passe seu processo de escolarização e de aprendizagem, contará com toda a nossa dedicação. Nossa experiência com algumas crianças nos mostra que ainda que algumas conquistas sejam mais lentas e graduais, a convivência na escola regular traz benefícios e aprendizagem para todos os atores envolvidos na dinâmica escolar. Não é só a criança em questão que aprende ou se vale da experiência da convivência: os colegas também precisam desenvolver habilidades diferentes para comunicação, para esperar o ritmo do outro, para criar diferentes formas de interação. Assim, todos aprendem que cada sujeito é único e deve ser respeitado em sua singularidade.

OS AUTISMOS E A ESCOLA

De tempos em tempos, com base em determinantes socioculturais e também em pesquisas médicas e classificações psiquiátricas, surgem novas terminologias e novos diagnósticos para os comportamentos infantis considerados desviantes ou inadequados. À medida que tais diagnósticos se difundem entre profissionais da saúde, da educação e entre os pais, parece haver um aumento significativo no número de casos. Foi assim com o Transtorno do Déficit de Atenção/Hiperatividade (TDAH), quando todas as crianças mais ativas, levadas ou dispersas já levantavam suspeitas para esse diagnóstico, e tem sido assim também com o autismo. Basta que uma criança demore mais a falar, estranhe pessoas de fora da família ou tenha pouco contato visual para que se levante a hipótese de ela se inserir no espectro do autismo.

Oriundo do campo da saúde mental, com largo histórico nos campos da psiquiatria e da psicanálise, e considerado por lei (Lei n. 12.764/2012) um tipo de deficiência, o autismo atualmente é chamado de Transtorno do Espectro do Autismo (TEA), devido à sua extensa variação de manifestações. Tal denominação integra o grupo dos "Transtornos do neurodesenvolvimento" no mais recente Manual Diagnóstico e Estatístico dos Transtornos Mentais da Associação Americana de Psiquiatria (APA), o *DSM-V*, publicado em 2013. Preferimos, outrossim, falar de autismos (como o título do livro de Paulina Rocha, 2012), explicitando seu caráter plural. Como explica Birman na apresentação dessa obra (p. 11), "trata-se de uma maneira delicada e pontual de poder se referir à singularidade inquietante de cada um dos autistas".

A ampla divulgação sobre os autismos na internet, embora possa ser fonte de importantes esclarecimentos para pais e educadores, também gera certa banalização do diagnóstico, já que há sites nos quais é possível fazer o que chamam de "rastreamento precoce do autismo" ao responder a uma série de perguntas sobre a criança. Ou seja, sem o suporte de um profissional (médico, fonoaudiólogo, psicólogo), muitas vezes numa condição solitária, diante do computador, sem compartilhar os próprios receios e preocupações com ninguém, os pais se veem diante de um "pré-diagnóstico" de autismo.

Muitos fatores podem interferir na capacidade de a criança se relacionar com o mundo, sem que isso signifique necessariamente que ela é autista. De alguns anos para cá, por exemplo, a ampla utilização das mídias digitais, sobretudo *smartphones* e *tablets*, influenciou de forma significativa os modos de interação entre crianças e adultos, principalmente pais e filhos. Os *smartphones* estão cada vez mais presentes na vida dos adultos, que passam praticamente todo o tempo ligados a esses aparelhos – seja na hora de buscar o filho na escola, durante as atividades cotidianas em casa e até nos momentos de cuidado com as crianças. Além disso, oferecem essa tecnologia a crianças muito pequenas para distraí-las em ocasiões que poderiam ser ricas em interação, como a hora de trocar a fralda ou durante as refeições em família. Em consequência, algumas crianças ficam muito mais ligadas às telinhas e encontram nelas uma forma de se autorregular e se acalmar sem a interação com o outro.

Por vezes, uma boa conversa com os pais para que reflitam sobre o uso dessas tecnologias em idade tão precoce permite mudanças de atitude que refletem positivamente na relação entre pais, babás e outros cuidadores e as crianças.

Todo cuidado é pouco para evitar que se criem rótulos em uma criança pequena, que ainda está em formação.

> O diagnóstico ajuda a pôr em movimento importantes operações na direção da cura. Justamente por isso, ao longo do tratamento, uma criança que estava em estado autístico pode deixar de estar, mudando de sintoma fundamental.
>
> Daí que as categorias nosográficas sejam, em certo sentido, tão antinômicas da infância, na medida em que intervir na infância dá lugar a uma mobilidade do sintoma fundamental ainda não decidido. Por isso, na clínica psicanalítica, procuramos intervir ao detectarmos que algo não vai bem na constituição da criança, ainda que o quadro psicopatológico não esteja plenamente fechado em todos os seus traços patognomônicos. Assim, diagnosticar serve para considerar o que é preciso operar na intervenção clínica, possibilitando uma mobilidade do que cristaliza a criança em um padecimento, não para enquadrar antecipadamente a criança em uma categoria psicopatológica. (Jerusalinsky, 2011b)

Partindo dessa visão, também na escola, diante de uma criança pequena, o melhor seria tomar um diagnóstico de autismo como provisório. A Lei n. 12.764/2012, também conhecida por Lei Berenice Piana (mãe que encabeçou a luta pelo reconhecimento do autismo e por proteção legal), afirma que é direito da pessoa com autismo o "diagnóstico precoce, ainda que não definitivo" (art. 3º, cláusula III, inciso A).

Não se trata de desprezar os conhecimentos médicos, tampouco sinais de sofrimento psíquico ou de atraso no desenvolvimento. Porém, no imaginário popular, que inclui os conhecimentos que a maioria dos professores tem sobre autismo, uma criança com esse diagnóstico não fala e provavelmente não vai falar; não interage, vive num mundo próprio; faz movimentos estereotipados e repetitivos, sem nenhum sentido etc. Diante dessa perspectiva desanimadora, até mesmo um professor com boas intenções e dedicação dificilmente conseguirá interagir bem com o aluno, dificilmente apostará numa mudança de curso no seu processo de desenvolvimento, acreditando que não há possibilidade de aprendizagem ou que apenas profissionais especializados poderiam alcançar algum resultado positivo.

O envolvimento dos adultos com a criança que apresenta sinais de risco para o autismo é essencial para seu desenvolvimento, acima de qualquer técnica. Realizar algumas tarefas com a criança sem de fato estar presente com seu desejo – gostando do que faz e vendo sentido naquilo – não tem efeito nenhum ou pode ter consequências negativas, aumentando seu retraimento.

Segundo nossa experiência, algumas crianças que se encaixam no diagnóstico de TEA por volta dos 2 anos têm progressos incríveis e saem do quadro patológico. Tomar, portanto, esse diagnóstico como provisório, já que prematuro, implica reconhecer suas dificuldades, valorizar suas possibilidades e investir muito no aluno, nos professores e nos pais.

O documento "Linha de cuidado para atenção às pessoas com transtornos do espectro do autismo e suas famílias na Rede de Atenção Psicossocial do Sistema Único de Saúde" (Brasil/Ministério da Saúde, 2015) defende que o diagnóstico de autismo seja realizado num processo, conduzido por equipe multidisciplinar, em situações diversas e com participação dos pais, só podendo ser firmado após os 3 anos de idade, embora bem antes dessa idade possa ser identificado o risco para o TEA. Tal linha de cuidado ressalta que as classificações diagnósticas servem para auxiliar os profissionais e não para "julgar as pessoas". Quando a criança de mais de 3 anos apresenta um quadro mais grave e o diagnóstico de autismo está consolidado, é preciso muito esforço para que ela não seja apresentada e recebida com base nesse diagnóstico.

Na escola, é fundamental que seja vista como uma criança semelhante a todas as demais, que ali está para aprender e brincar. Para isso, a coordenação pedagógica precisa dar suporte aos professores, auxiliando-os a

Infância, liberdade e acolhimento

planejar atividades que contemplem a todos, ajudando-os braçalmente no cotidiano e ouvindo suas angústias. A ideia é mudar o discurso de: "Meu grupo tem dez crianças e fulano, que é autista" para: "Meu grupo tem 11 crianças". É difícil, mas possível transformar "O grupo adorou o jogo, mas fulano ficou lá, disperso, fazendo aqueles barulhos como sempre" em "O grupo todo adorou esse jogo – inclusive fulano, que corria com a peça e voltava para jogar quando era sua vez!"

Privilegiando o brincar como manifestação da potência da criança e como forma principal de aprender na infância, os professores devem proporcionar tempo e espaço para que o aluno com TEA brinque como os demais, ou seja, para que escolha livremente os brinquedos e objetos com os quais vai brincar e dedique-se com prazer e interesse àquilo que faz. Os movimentos repetidos e estereotipados precisam ter seu lugar – muitas vezes, são os únicos que dão segurança e bem-estar naquele momento –, mas devem fornecer pistas para que os professores encontrem caminhos para brincar junto. Como ocorre com os bebês, algumas brincadeiras bem simples podem criar estruturas mentais, agindo na constituição psíquica ao longo da primeira infância. Assim, brincar de "cadê-achou", "formiguinha que faz cosquinha" ou "janela, janelinha, porta, campainha", por exemplo, de acordo com a cultura local, gera formas de interação que funcionam como pontes para criar um vínculo com a criança.

Intermediar a interação com as outras crianças é também tarefa do professor; promover momentos de atenção e prazer compartilhado na brincadeira, mesmo que inicialmente por breves períodos, é de grande valor para a integração do grupo e para a aprendizagem de todos.

A singularidade é elevada à máxima potência diante de crianças autistas, que muitas vezes subvertem as clássicas tabelas de desenvolvimento, em que uma aprendizagem sucede a outra em grau crescente de complexidade – ou uma habilidade é pré-requisito para outra. Assim, o aluno que ainda não fala pode ter compreendido as regras de um jogo matemático destinado a crianças mais velhas; a criança que parece não prestar a mínima atenção às histórias pode certo dia começar a ler um livro; o aluno que fica nervoso com barulho pode se divertir na festa de carnaval. *A priori*, não podemos excluir as crianças que se enquadram no TEA de nenhum tipo de atividade, mas devemos conhecer bem cada uma, a fim de proporcionar atividades que apresentem maior chance de participação, e realizar uma avaliação contínua da nossa prática.

Os desafios enfrentados enriquecem a reflexão dos professores e despertam sua criatividade. Nessa perspectiva, o projeto pedagógico da escola deve contemplar a flexibilidade necessária para que todos os alunos tenham seu lugar e possam crescer, cada um a seu tempo e à sua maneira. Os professores podem obter orientações e apoio dos profissionais clínicos que acompanham a criança, incorporando práticas que favoreçam especialmente um ou outro aluno, mas que se mostram benéficas a todos. No caso dos autismos, é comum que a utilização de figuras para representar a rotina escolar facilite a compreensão do ritmo coletivo e dê segurança ao antecipar os momentos: trata-se de um ótimo recurso a ser adotado em qualquer grupo a partir dos 3 anos – eventualmente, até antes disso.

Por outro lado, adotar uma metodologia especializada para utilizar todo o tempo só com determinado aluno é o mesmo que abrir mão da responsabilidade sobre ele, excluindo-o do planejamento coletivo. As metodologias intensivas, como a análise do comportamento aplicado (ABA, na sigla em inglês), requerem um treinamento que foge à especialidade de um professor de educação infantil e, a nosso ver, podem interferir negativamente na construção de seu vínculo com a criança – já que propõem que o professor "saiba antes" como agir, o que relega a segundo plano sua experiência, seus recursos e sua intuição ou subjetividade.

A desautorização dos professores para atuar com alunos autistas muitas vezes leva escolas e pais a contratar tutores ou auxiliares especializados para acompanhar a criança durante toda a rotina escolar. Existem raras exceções, mas uma criança com dificuldades de interação social permanentemente monitorada por um adulto terá ainda mais dificuldade de fazer parcerias com os colegas e de se integrar ao grupo, bem como de criar vínculos com seus professores.

É claro que os terapeutas especializados podem fornecer ótimas orientações, baseadas em sua experiência clínica. Porém, os professores também podem contribuir com o trabalho terapêutico, já que convivem com a criança diariamente, por quatro horas ou mais.

A convivência com uma criança com TEA pode ser repleta de bons momentos, mas costuma ser difícil. É duro dirigir-se a ela com seu melhor sorriso e não ter nenhuma resposta; propor-lhe brincadeiras e brinquedos incríveis que parecem invisíveis a ela; presenciar crises de choro ou gritos e não entender o que se passa nem conseguir acalmá-la. Depois de dias sentindo que seus esforços são em vão, não é de estranhar que muitos professores acabem retomando a antiga concepção de que "esse tipo de criança" não deveria estar na escola, ou vejam sua autoestima ir por água abaixo. É preciso cuidar deles e ajudá-los, para que não adoeçam nem desrespeitem a criança. O cuidado passa por reuniões semanais, em que o educador possa expressar seus sentimentos e as dificuldades cotidianas. Em seguida, buscam-se coletivamente saídas para os impasses.

É fundamental sustentar que tais comportamentos da criança não são dirigidos especialmente à professora, mas fazem parte de seus recursos de defesa na interação com o mundo. Ajuda bastante tentar se colocar no lugar da criança, supondo seus sentimentos ao adentrar um local desconhecido e complexo como a escola, por vezes sem contar com os recursos de expressão que as demais crianças já têm. A construção de uma relação de empatia é sempre um bom começo e, como nos autismos não é tarefa fácil, merece todo o investimento da equipe.

Partindo dessa construção, em geral torna-se possível entender gestos sutis como respostas, antecipar situações que desestabilizam a criança (para evitá-las ou manejá-las de modo suportável) e encontrar situações férteis de aprendizagem.

Estar com outras crianças de sua faixa etária tendo um professor dedicado, gozar de liberdade para brincar ao mesmo tempo que faz parte de uma coletividade com regras – o que lhe dá a oportunidade de participar de atividades diversificadas – configuram um ambiente ao mesmo tempo educativo e terapêutico. Frequentar a escola regular de educação infantil é um direito de todas as crianças, do qual os pais das crianças com sinais ou diagnóstico de autismo não devem abrir mão.

15. ENCAMINHAMENTOS E PARCERIAS COM OUTROS PROFISSIONAIS

No capítulo anterior, mencionamos experiências com alunos que chegaram à escola com alguma deficiência ou dificuldades já identificadas desde o nascimento ou antes de entrarem na Jacarandá.

Ao receber uma criança que já faz algum tipo de tratamento ou é acompanhada por profissionais diversos – fonoaudiólogo, psicólogo, terapeuta ocupacional, fisioterapeuta, além de médicos especialistas –, deparamos com uma série de informações e diagnósticos que ora nos ajudam, ora nos atrapalham. Afinal, apresentam uma criança com várias facetas, observada de maneira segmentada e frequentemente atendida por profissionais que pouco se comunicam, deixando de discutir uma direção comum para o tratamento.

Embora a escolha de terapeutas e médicos seja prerrogativa dos pais, por vezes ponderamos com estes a real necessidade de vários atendimentos, de forma que quase todo o tempo livre da criança, que poderia ser aproveitado para brincar e conviver com a família e descansar, é ocupado por sessões de terapia.

Diante desse cenário, a escola, que recebe o aluno por pelo menos quatro horas diárias e, portanto, tem uma convivência intensa com ele e sua família, está em posição privilegiada para articular a interlocução entre os vários profissionais que o atendem.

A experiência de reunir a professora, o psicanalista, a terapeuta ocupacional e a fonoaudióloga, por exemplo, permite-nos compreender melhor a dinâmica familiar da criança, os receios e impasses que a acompanham. Para a escola – e sobretudo para a professora –, é fundamental poder conversar sobre as observações que faz da criança e receber orientações mais práticas: a "pega" do lápis, o hábito de colocar os objetos na boca ou o fato de a criança falar muito baixo, por exemplo. As orientações não precisam ser muito técnicas, mas fazer circular esse tipo de informação entre todos os envolvidos no tratamento e na educação da criança gera mais segurança para a criação de estratégias novas e experimentações. A interlocução dos profissionais permite-lhes tomar a criança como um todo que, mesmo com eventuais deficiências, está em processo de constituição psíquica, o que se dá em concomitância com os processos de crescimento do corpo e do ganho de funcionalidade motora, verbal, interacional.

Quando conseguimos que a troca entre profissionais se dê de maneira satisfatória, é possível participar de negociações em função do andamento do processo de subjetivação e desenvolvimento da criança. Por exemplo, numa reunião entre a fonoaudióloga, a psicanalista, a professora e a coordenadora, pode-se avaliar a carga horária das terapias para chegar a uma rotina de atendimentos clínicos que melhor atenda às necessidades da criança, às possibilidades da família e à sua rotina escolar. Ou, sabendo que o aluno fez uma sessão de fisioterapia no período da manhã, a professora pode lhe antecipar uma horinha de descanso, se necessário. Essa comunicação permite até mesmo avaliar se é caso de reduzir a carga horária da criança na escola ou, ao contrário, encaminhá-la para uma atividade extracurricular, como aulas de dança.

Como vimos, as crianças "difíceis" ou com comprometimentos graves geram angústia nos professores, que se sentem impotentes diante de situações em que a aprendizagem, a interação e a própria brincadeira da criança não correspondem ao que se espera para a faixa etária e para o que é planejado de início. Ainda que os profissionais de outras áreas não tenham respostas ou receitas que dissolvam as dificuldades, a troca com eles reposiciona o professor de maneira que ele se desculpabilize dos fracassos ou dificuldades e, ao mesmo tempo, se responsabilize pela criação de estratégias e práticas que eliminem as barreiras que impedem a participação da criança nas atividades coletivas.

Ao longo do percurso escolar, é possível detectar certas dificuldades no processo de constituição psíquica da criança de forma bastante precoce. No primeiro ano de vida, o bebê passa por uma transformação impressionante do ponto de vista físico, motor, cognitivo e social. Embora cada indivíduo tenha um ritmo próprio de crescimento, a criança saudável costuma responder muito prontamente à interação com os professores, aprende a brincar, é capaz de interagir por meio do olhar, de balbucios, do choro, do sorriso, da aceitação de cuidados e alimentação; tem momentos de atividade intensa e interesse pelo mundo alternados com períodos de descanso ou sono. É bastante comum que um mal-estar passageiro, como febre ou dor de barriga, prejudique o humor e o comportamento dos pequenos. No entanto, se observamos que a criança sistematicamente interage pouco com seus cuidadores, resiste à alimentação ou ao sono, evita o contato com o outro, é hora de intensificarmos a atenção. Além disso, a professora precisa investir numa interação mais direta e cativante.

Determinadas crianças, por seu temperamento mais calmo e retraído, precisam do apoio da professora para se colocar diante de situações grupais, pois podem se sentir intimidadas ao cantar em voz alta, dar sua opinião na roda ou até resmungar/chorar para ganhar atenção individualizada. Quando se trata apenas de estilo pessoal ou de temperamento, o encorajamento da professora para que a criança se manifeste ou participe da brincadeira com os colegas ajuda-a a construir recursos e a aprender a participar do grupo – aproveitando, à sua maneira, a experiência escolar. Muitas vezes, uma conversa com os pais os tranquiliza quanto às possibilidades da criança e os incentiva para que valorizem suas pequenas iniciativas, evitando as cobranças excessivas – o senso comum prega que a criança seja sempre falante, extrovertida e participativa.

Todas essas ações, tanto em relação aos pais quanto aos professores, são preventivas, pois servem de avaliação para eventuais riscos ao desenvolvimento do bebê ou da criança pequena, mas já se configuram intervenções que, se feitas com delicadeza e respeito, surtem efeitos significativos na maneira de a criança interagir.

Feitas essas ressalvas, como já mencionamos, é possível detectar precocemente sinais de risco psíquico na observação diária da criança pequena. O alerta se dá quando, mesmo depois de a professora e/ou auxiliar tentar diferentes estratégias de interação para incentivá-la a brincar, a comer, a falar ou a buscar seus interesses, a criança se mantém apática, passiva, recusando contato ou mostrando-se excessivamente irritada/angustiada diante dos convites da educadora ou de outras crianças.

Em paralelo, é comum que os pais de uma criança que esteja com tais dificuldades tenham queixas sobre sono ou alimentação em casa e preocupações com o tempo que está levando para começar a andar ou falar. Também é possível observar dificuldades nos momentos de despedida e reencontro com os pais na escola.

Além de riscos psíquicos, outros impasses no desenvolvimento neuropsicomotor merecem atenção precoce, pois, uma vez detectados os problemas e bem indicados os tratamentos, os prognósticos em relação à saúde física e mental melhoram. Nesse sentido, é papel da escola orientar os pais e eventualmente encaminhar a criança a um especialista.

> Nota-se a necessidade de cuidados e de delicadeza na abordagem dos pais em relação às dificuldades ou aos riscos para o desenvolvimento precocemente apresentados por seus filhos, pois, ainda que a precocidade da detecção e de uma intervenção a tempo junto à criança pequena tenha sua eficácia potencializada, ela aumenta também o risco de os pais serem capturados por um discurso social patologizante e pelas fantasias que giram em torno de algumas sintomatologias precoces graves, como no caso do autismo, ou de síndromes orgânicas, fomentando o imaginário em torno de sua culpa, gerando temor, submissão ou rivalidade, acirrando resistências e provocando o seu afastamento do trabalho com a criança. (Merletti, 2014)

Assim, é importante que os encaminhamentos sejam feitos a fim de ajudar a criança e os pais a enfrentar as dificuldades, cuidando para nunca culpá-los. Para tanto, a depender da situação, são necessárias diversas conversas entre a coordenadora e os pais (às vezes com a presença da professora, outras não) com o objetivo de compreender melhor o que se passa com a criança e construir uma demanda de tratamento que seja significativa para os pais, ou seja, que eles realmente sintam que é o momento e estejam disponíveis para tal. Qualquer intervenção terapêutica, mesmo que dirigida à criança, influenciará sua interação na família, na escola e nos demais espaços sociais.

A ENTREVISTA DE ENCAMINHAMENTO

Quando chega o momento de encaminhar a criança a outro profissional, não se pode simplesmente chamar os pais para lhes comunicar: "Seu filho tem um problema, é preciso levá-lo a um especialista". Cada caso requer uma estratégia, de acordo com a história que vem se construindo há tempos e com diversos critérios: a época do ano e o momento da família (se outro bebê está para nascer, se os pais estão se separando ou mudando de casa, se um avô está doente em fase terminal, se a mãe acaba de começar num novo emprego, se vão sair de férias etc.); a urgência ou gravidade da situação; a relação estabelecida com a escola. Antes de conversar com os pais, é importante pensar no tipo de profissional que será sugerido e, se for o caso, que nome poderá ser indicado.

Essa conversa deve ocorrer somente depois de uma série de sinalizações da professora e ou da coordenadora, ainda que de modo mais leve, comentando com os pais sobre algum comportamento ou situação recorrente na escola que cause preocupação, na tentativa de trocar impressões com os pais e identificar estratégias possíveis para lidar com a questão. Com essas trocas, cria-se a oportunidade de marcar uma conversa com os pais.

Durante a conversa, procuramos mais ouvir do que falar, mas de modo geral contextualizamos as observações feitas, relembrando situações passadas em que já havíamos tocado no assunto, atualizando-o e perguntando como a criança está fora da escola. É uma reunião que requer muita sensibilidade e paciência, de modo que o assunto seja direcionado para as dificuldades da criança e, em consequência, aos impasses e desafios enfrentados pelos pais (e também pela professora ou professor) para lidar com ela. Os problemas na infância aparecem sempre na interação com os cuidadores; assim, repetimos: é importante que os pais percebam que o apoio de um especialista pode ser positivo também para eles e para sua relação com o filho. Quase sempre é nesse momento, durante o relato das dificuldades de interação entre pais e criança, que surge a oportunidade de refletir sobre a importância de apoio profissional especializado. Nesse sentido, instala-se uma preocupação nos pais, mas uma preocupação suportável, que na conversa com a coordenadora ganha um contorno e um caminho para a dissolução das dificuldades.

Às vezes, a reunião termina sem que tenhamos conseguido fazer o encaminhamento: os pais não percebem os problemas da criança ("Está tudo bem com ele, ele está ótimo em casa, já melhorou") ou não se implicam neles ("Vai passar, ele é muito pequeno ainda, eu também era assim"). Talvez seja um comportamento defensivo, mas de todo modo eles às vezes não estão prontos para admitir e enfrentar as dificuldades dos filhos. Isso ocorre tanto com problemas físicos, orgânicos, quanto com relacionais e subjetivos.

Alguns pais se identificam como culpados pela situação e acham que são os únicos a ter de se mobilizar para a mudança. Porém, consideramos que as questões difíceis que atingem as crianças na primeira infância são multifatoriais – não se trata de culpa. É claro, como já vimos, que toda a mobilização em torno da criança pode surtir bons efeitos, mas em certos casos um olhar externo, uma avaliação especializada, um tratamento específico e/ou um espaço terapêutico são de grande ajuda. Nem a escola nem os pais são onipotentes; é importante reconhecer que, em algumas situações, não sabemos o que fazer ou não podemos fazer tudo aquilo de que a criança precisa.

Enquanto não for possível quebrar a resistência dos pais para que admitam as dificuldades do filho e os limites de todos nós ao lidar com elas, não faz sentido indicar um profissional. Quase sempre a resistência aumenta e os pais podem até decidir tirar a criança da escola. O encaminhamento é um processo paciente, até mesmo estratégico, que às vezes leva anos para se estabelecer. Se não for possível fazer um encaminhamento na reunião planejada para tal, criam-se novas oportunidades até que seja a "hora certa". Enquanto isso, sempre se pode investir nas interações da criança com professores e colegas – ou seja, se ainda não foi possível encaminhá-la a um especialista, não podemos desistir dela. Aliás, todo esse processo entre coordenação, professores, pais e criança costuma resultar em mudanças que alteram a própria necessidade ou o tipo de encaminhamento.

16. A PRESENÇA DE UMA FONOAUDIÓLOGA NA ESCOLA JACARANDÁ[10]

No Brasil, a fonoaudiologia nasceu de uma demanda advinda da educação. A partir da década de 1920, o Estado passou a se preocupar com os problemas de linguagem e com a normatização de uma língua padrão, considerados fundamentais para a integração nacional. A escola teve papel primordial nesse processo: os professores incorporaram o lugar de "ortopedistas" na eliminação dos "distúrbios" e das diferenças, prática que culminou na delimitação da fonoaudiologia atual (Berberian, 2007). Tais ideias acabaram por direcionar a fonoaudiologia para os campos da patologia e do tratamento, criando uma práxis próxima da medicina positivista, que propunha uma relação causal entre sintoma e sua causa. A consequência disso foi que a fonoaudiologia praticada na escola emprestou o modelo clínico de atuação.

Felizmente, a partir da década de 1990, essa linha de pensamento passou a ser questionada por correntes que propunham que a fonoaudiologia escolar se pautasse mais pela assessoria e menos pela intervenção clínica (Baptista, 2013).

Em 2005, o Conselho Federal de Fonoaudiologia reconheceu a fonoaudiologia escolar como especialidade. O trabalho conjunto com a equipe pedagógica e a promoção da saúde da população escolar tornaram-se objetivos. O fazer clínico foi proibido e as triagens viraram objeto de calorosas discussões.

Em 1999, fui convidada a realizar um trabalho de fonoaudiologia escolar na Escola Jacarandá. Desde então, a prática vem sendo erigida por meio da atuação na instituição e da parceria instigante com a equipe pedagógica. Antes da minha atuação, o trabalho fonoaudiológico era pautado por triagens e encaminhamentos quando se detectavam alterações na fala, na linguagem, na mastigação, na deglutição e na audição das crianças. Os

---

10   Texto escrito pela fonoaudióloga Maristela Bernardineli.

pais eram convocados pela fonoaudióloga e orientados a buscar atendimento clínico. Apesar disso, poucos agiam nesse sentido.

Quando iniciei o trabalho na escola, esta era uma questão importante: por que os pais não buscavam atendimento clínico, apesar do problema apontado e do encaminhamento solicitado pela profissional? A fonoaudióloga, apesar de seu saber técnico acerca do problema em questão, não tinha uma posição de troca com os pais – seu papel era de apontar o problema e realizar o encaminhamento. O conhecimento dos distúrbios e do processo de aquisição de linguagem bastariam para a efetivação do encaminhamento? Além disso, seria a fonoaudióloga a pessoa mais capacitada a conversar com os pais? Depois de reuniões e conversas, concluímos que a coordenadora seria a figura ideal para ocupar essa posição. Afinal, ela é valorizada pelos pais em virtude de sua experiência pedagógica e do acompanhamento que faz das crianças em seus tropeços, avanços e conquistas. As entrevistas e conversas com os pais no decorrer do ano permitem estreitamento de laços e construção de uma relação de confiança.

Em linhas gerais, minha atuação acontece em etapas e parte sempre do pressuposto de que a aquisição de linguagem é determinada na relação com o outro. Tal entendimento é apoiado no interacionismo brasileiro, tal como formulado pela pesquisadora Claudia Lemos (2006). A autora define a aquisição de linguagem como um processo de subjetivação e, portanto, se distancia de visões teóricas do campo da aquisição da linguagem, que tratam a fala da criança como aprendida ou inata. No que diz respeito ao trabalho na escola, tomar a fala como adquirida na relação com o outro permite que as posições do sujeito na linguagem sejam movimentadas, trazendo mudanças estruturais e dialógicas. A criança deixa de ser o foco do problema e assim todos se implicam nesse processo. O erro visto como mudança na posição discursiva e não como algo a ser corrigido ganha estatuto de processo dentro da escola. A equipe deixa de valorizar a fala correta em crianças muito novas e passa a se preocupar mais com o que a criança diz e com a posição que ocupa no processo de aquisição de linguagem.

Em um primeiro momento, quando a professora relata notar algo diferente em relação a determinado aluno, marcamos uma conversa. A grande maioria das queixas se refere a alterações na fala, falas ininteligíveis, ausência de fala e dificuldade mastigatória. De início, as queixas apareciam fragmentadas, isoladas e descontextualizadas da vivência escolar. Assim, o primeiro passo era perguntar: como essa criança brinca? Como se expressa? Como é a relação com os amigos e com você? O que ela diz enquanto brinca? Ela solicita sua presença? Convida outras crianças a brincar? Troca olhares com o grupo? Como se comporta nas rodas de conversa? Como age nas atividades dirigidas? Consegue esperar sua vez? Como ela come? O que faz com o alimento dentro da boca? Como se senta no lanche?

No começo, as professoras não conseguiam responder a tais perguntas, provavelmente porque não imaginavam que adviriam de uma fonoaudióloga. Na verdade, porém, essas questões colocam os educadores no lugar de partícipes do processo de aquisição e subjetivação das crianças. Algumas professoras supunham que a criança deveria, por exemplo, saber falar corretamente porque tinha determinada idade. Depois dos nossos encontros, esse tipo de raciocínio mudou.

Tendo conversado detalhadamente com o educador sobre a criança, entro em sala de aula e mantenho-me afastada, observando a criança e suas interações com o grupo. Como exemplo, relato o caso de uma menina que não falava nada, mas era extremamente atenta e esperta. Durante a conversa com a professora, ela se mantinha muda; apenas fazia um meneio positivo ou negativo com a cabeça. A professora fazia apenas perguntas que a menina poderia responder com "sim" ou "não", por exemplo: "Foi a mamãe que te trouxe hoje?"; "Você veio com o papai?". Não percebia que se colocava em tal posição, que pouco contribuía para que a criança falasse.

A conversa sobre a criança, minha entrada várias vezes em sala e a conversa novamente com o professor fazem do trabalho um processo que vai mudando o olhar deste sobre a criança. Ele se dá conta da possibilidade de posicionar-se de outra maneira na situação discursiva. Olhar-me, fora da cena, brincando com a criança na busca de outras estratégias dialógicas, permite um interrogar-se a respeito da posição anteriormente assumida. A retomada da conversa com a professora em um segundo momento abre espaço para que ela fale do que notou e da possibilidade, por exemplo, de suportar momentos de silêncio e espera da resposta da criança. É fundamental salientar que o trabalho com a equipe se faz na parceria, com importantes efeitos em meu posicionamento. Os questionamentos e apontamentos das professoras permitem reformulações em meu trabalho.

Normalmente, aproximo-me nas brincadeiras livres, mostrando-me interessada em participar. A brincadeira é conduzida pela criança e eu embarco na proposta sem que haja um jeito determinado e idealizado de brincar. Pergunto-me: a criança mantém um discurso coerente? Ela apenas responde ou também interpela? Repete a minha fala? Cria? Consegue encaminhar o discurso e a brincadeira ou logo se dispersa? Há entonação em sua voz?

Essa forma de estar na relação – mais aberta, menos pautada em ensinamentos pedagógicos – permite que travemos um diálogo; assim, consigo perceber de que maneira a criança se posiciona na linguagem.

Depois de estar com a criança em inúmeras atividades, a professora e eu nos encontramos novamente e atualizamos o que cada uma percebeu. Em geral, a professora fala sobre as relações da criança consigo, com os colegas e com a aprendizagem. Explico-lhe, então, que nas brincadeiras não existe objetivo determinado: é a criança que conduz o discurso. Por exemplo, não quero que descreva palavras ou cores, mas que sustente uma atividade discursiva; caso isso não seja possível, eu a sustento para que a criança consiga se situar como participante do discurso. A educadora, assim, começa a notar a posição que a criança e ela própria ocupam na situação discursiva.

Sempre que observamos uma criança com esse olhar, logo notamos que ela muda – provavelmente porque a equipe muda. Passamos a vê-la em outros contextos e a abordamos de um jeito diferente.

Certa vez, fui chamada por uma professora que dizia não entender o que determinada criança falava. Entrei na sala e percebi um menino que corria para lá e para cá, levantava-se durante as rodas de conversa e não se detinha em nenhuma atividade. Era difícil fazer uma aproximação. A brincadeira com os amigos vinha acompanhada de intensa atividade corporal e poucas palavras; os bonequinhos pulavam, corriam, lutavam. Na mesma classe, havia uma criança com paralisia cerebral, que demandava mais atenção da professora.

Quando marcamos nossa conversa, perguntei à educadora em que momentos ela se sentava com o menino que quase não falava; ela respondeu que quase nunca, pois a menina com paralisia demandava o tempo todo sua atenção. Na verdade, falamos mais dessa garota. A professora disse ter medo de que a menina se machucasse ou caísse, apesar de conversarmos sobre seus crescentes avanços de autonomia. Dei algumas dicas para que a criança ficasse mais segura na cadeira, indicando material antiderrapante e corrigindo sua postura na hora do lanche. Orientei a professora a conversar de forma mais distanciada com a menina, pois tanta proximidade já não se fazia mais necessária. Era o momento de um afastamento progressivo apoiado na palavra – intervenção que requer não apenas distanciamento, mas separação, permitindo que a fala da professora substitua o contato corporal.

Assim, começamos a promover momentos nos quais a professora também pudesse dar atenção ao menino que não falava. A hora do lanche tornou-se providencial. A professora interpelava o aluno e tentava contextualizar situações vividas nos momentos anteriores. A auxiliar também passou a chamá-lo para brincar, sustentando com ele situações dialógicas.

Em nossa segunda conversa, a professora mencionou que sua mudança de postura já promovera transformações na fala do menino. Houve um reposicionamento das educadoras em relação ao grupo e a ele. As questões de linguagem foram repensadas e novas articulações surgiram.

Além da área da linguagem, a fonoaudiologia também se ocupa de transtornos na região oral, como mastigação, respiração e deglutição. Do ponto de vista das funções orais, a mesma criança que pouco falava e não se detinha nas atividades apresentava outras dificuldades: articulação travada, sobremordida, fala nasalada, mastigação acelerada, uso da língua em palato duro para triturar o alimento. Transmiti essas informações à professora e à coordenadora e, juntas, pensamos em intervenções simples e possíveis dentro da rotina escolar. Solicitei que cortassem o alimento em tiras e que estas fossem colocadas nos molares do menino, a fim de eliciar a mastigação.

Sabendo da constante constipação nasal, solicitei lavagens nasais mais frequentes e brincadeiras durante o lanche que trabalhassem a conscientização oral. Solicitamos que uma análise otorrinolaringológica fosse feita e pedimos que o dentista avaliasse se era momento de algum tipo de intervenção.

Na conversa com os pais, a mãe relatou que a criança estava falando mais e se tornara mais contestadora. A coordenadora aproveitou para mencionar os importantes avanços dialógicos ocorridos com a professora e a melhora na resolução de conflitos com os colegas. Além disso, na hora do lanche, o garoto passou a participar da troca de alimentos com os colegas.

Pensando no momento da alimentação, os saberes fonoaudiológicos também têm papel primordial. Manter os lábios vedados durante a mastigação, triturar os alimentos nos molares e respirar pelo nariz são práticas que incentivamos coletivamente de forma lúdica.

Tais práticas de prevenção aparecem em outros momentos. Em determinada época do ano, alguns grupos apresentaram o nariz bastante congestionado, tendo como consequência o predomínio da respiração oral. Sabendo dos inúmeros prejuízos causados por tal respiração – assimetria facial, desalinhamento biomecânico, alterações na arcada dentária, alterações mastigatórias, na fala e na deglutição –, iniciamos um trabalho preventivo que incidia na lavagem nasal. Essa lavagem era realizada durante a escovação de dentes: conversávamos com as crianças sobre a respiração e, por meio de brincadeiras, elas experimentavam aromas e diferentes ritmos respiratórios. Assim, diferenciavam cheiros agradáveis de desagradáveis e percebiam que não podiam senti-los com o nariz entupido.

Frequentemente sou chamada a participar do almoço, um ótimo momento para repensar condutas e práticas. Certo dia, fui convocada por uma professora que se queixava de que algumas crianças não comiam o bastante. Iniciei a observação pelo alinhamento biomecânico dos alunos à mesa. A postura global adequada (pés apoiados no chão, joelhos em ângulo reto com os quadris etc.) organiza a região oral, permitindo melhor execução das funções fonoarticulatórias – respiração, fala, mastigação e deglutição.

Porém, mesmo depois de realizar tais ajustes, a professora relatou que a turma continuava se alimentando mal. Fiz nova visita ao grupo durante

Infância, liberdade e acolhimento

o almoço e notei que a educadora mostrava-se ansiosa; a todo momento falava da importância de comer bem, de como as crianças ficariam saudáveis e fortes se se alimentassem direito. Elas perguntavam o tempo todo se a quantidade que haviam ingerido era suficiente.

Logo marquei uma reunião com a professora, na qual conversamos sobre o que é alimentar-se e até que ponto a alimentação está vinculada a questões simbólicas. Questionei se, ao servir o almoço às crianças, seu papel seria o de "fazê-las" comer ou o de estimulá-las e orientá-las, conferindo-lhes autonomia. Pensamos então em estratégias lúdicas, como: sugerir que experimentassem novos pratos; conversar sobre os ingredientes de cada receita oferecida; perguntar sobre pratos preferidos; associar os alimentos do prato a objetos, animais etc. O objetivo era gerar conversas que associassem o ato de comer ao prazer e não à obrigação. Caso alguma criança de fato não comesse, seria observada e analisada individualmente. Mais tranquila, a professora conseguiu deixar de lado suas preocupações e compôs, com as crianças, um clima mais agradável para um momento de refeição.

Enfim, procurei resumir neste texto minha experiência com a fonoaudiologia escolar. Ressalto que o êxito só ocorre quando o trabalho é transdisciplinar, ou seja, baseado no diálogo entre diversas especialidades, mas com o objetivo de ultrapassar as fronteiras de suas disciplinas de origem. Segundo Pinho (2003), a transdisciplinaridade vai além da interdisciplinaridade, produzindo consequências em outras áreas. Hoje, é grande o número de especialidades que se ocupam das alterações do desenvolvimento infantil. A única possibilidade de que a intervenção nessas diversas áreas não tenha caráter iatrogênico é a articulação entre todas elas.

CONCLUSÃO

A EDUCAÇÃO INFANTIL é um segmento que ainda precisa ser mais valorizado em nossa sociedade. Mesmo que associada aos diminutivos, não tem nada de pequena: cuidar dos primeiros tempos de subjetivação e socialização de uma criança não é tarefa pouca. Há de se reconhecer a dimensão da complexidade envolvida numa simples brincadeira. Há de se dedicar aos pais, que estão aprendendo a exercer a parentalidade. Há de planejar e se organizar, mas também de se abrir ao outro, ao novo, ao não sabido. Enfim, trata-se de equilibrar a todo instante a balança que não cessa entre eu-tu, dentro-fora, perto-longe, sim-não.

As creches e pré-escolas são espaços de aprendizagem, de crescimento, de encontros. Cada uma tem sua história – aqui registramos a nossa, pois foram muitas mãos a participar de sua construção e isso produz marcas que se revelam no projeto pedagógico. A articulação entre cuidar e educar permeia todas as ações curriculares, desde o berçário. Apesar de fazermos distinção entre as várias áreas de conhecimento que se presentificam nas atividades e nos projetos, destacamos o brincar como elemento primordial de qualquer instituição que se destine à primeira infância.

Reiteramos mais uma vez que a brincadeira deve ser a principal atividade da criança na escola. Não aquela "de mentirinha", guiada e controlada pelos adultos com fins pedagógicos, mas a brincadeira "de verdade", em que a criança pode ter livre iniciativa e fazer suas experimentações – pode fazer de conta. Liberdade é uma noção que, para nós, está ligada a acolhimento: ambiente cuidado para dar segurança e bem-estar às crianças, aos pais e professores. Para tomar decisões e fazer escolhas com autonomia, todos precisamos estar amparados e, para tal, não acreditamos em metodologias padronizadas, mas num fazer artesanal.

Ao escrever o presente livro, colocamo-nos o desafio de organizar um material inspirador e útil para professores que estão em sala de aula no dia a dia (quase sempre ávidos por encontrar bons modelos de atividades e soluções para os problemas cotidianos) e, ao mesmo tempo, com uma fundamentação teórica que lhes permita refletir e criar uma prática autoral e coerente com a valorização da infância e da cultura infantil.

Ao terminá-lo, encontramos uma vontade imensa de compartilhá-lo com a nossa equipe de professores, uma vez que em educação faz-se necessário o tempo todo cotejar o que declaramos fazer com o que de fato conseguimos colocar em prática. Talvez este seja o maior desafio de um diretor ou coordenador pedagógico: inspirar, instrumentalizar e conduzir sua equipe para uma prática refletida e coerente com os princípios declarados.

Também queremos compartilhá-lo com educadores de qualquer lugar do país, porque consideramos que a riqueza de nosso trabalho está nas pessoas – professores, funcionários, crianças e pais – e não em recursos materiais sofisticados e caros. Portanto, boa parte do que fazemos em nossa escola, situada num bairro central de São Paulo, também é viável numa escola pública, na zona rural ou à beira-mar, desde que conte com profissionais engajados e comprometidos com a educação.

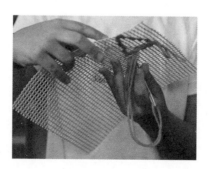

REFERÊNCIAS

"Adaptação". In: *Michaelis – Moderno Dicionário da Língua Portuguesa*. São Paulo: Melhoramentos, 2009. Disponível em: <http://michaelis.uol.com.br>. Acesso em: 30 nov. 2016.

Almeida, M. B. de; Pucci, M. D. *Outras terras, outros sons*. São Paulo: Callis, 2002.

Araújo, U. F. "A construção social e pedagógica dos valores". In: Arantes, V. A. (org.). *Educação em valores: pontos e contrapontos*. São Paulo: Summus, 2007.

Baptista, A. E. B. N. *Fonoaudiologia educacional: percurso e percalços*. Dissertação (mestrado em Linguística Aplicada e Estudos de Linguagem), Pontifícia Universidade Católica de São Paulo, São Paulo (SP), 2013.

Baptista, C.; Pentagna, R. *Contos por encanto por enquanto...: uma experiência com a literatura infanto-juvenil*. Petrópolis: Vozes, 1996.

Belinky, T. *O grande rabanete*. São Paulo: Ática, 1999.

Berberian, A. P. *Fonoaudiologia e educação – Um encontro histórico*. 2. ed. São Paulo: Plexus, 2007.

Bernardino, L. M. F. "A abordagem psicanalítica do desenvolvimento infantil e suas vicissitudes". In: Bernardino, L. M. F. (org.). *O que a psicanálise pode ensinar sobre a criança, sujeito em constituição*. São Paulo: Escuta, 2006.

Birman, J. "Apresentação". In: Rocha, P. S. (org.). *Autismos*. São Paulo: Escuta, 2012.

Bomtempo, E. "A brincadeira de faz de conta: lugar do simbolismo, da representação, do imaginário. In: Kishimoto, T. M. (org.). *Jogo, brinquedo, brincadeira e a educação*. São Paulo: Cortez, 1997.

Brasil. Presidência da República. Lei n. 9.394, de 20 de dezembro de 1996 – Estabelece as diretrizes e bases da educação nacional.

_____. Ministério da Educação. *Referencial curricular nacional para a educação infantil*. Brasília: MEC/SEF, 1998. 3 v.

_____. Ministério da Educação. Resolução n. 5, de 17 de dezembro de 2009 – Fixa as Diretrizes Curriculares Nacionais para a educação Infantil. Brasília: MEC/CNE/CEB, 2009.

_____. Ministério da Educação. *Diretrizes curriculares nacionais para a educação infantil*. Brasília: MEC/SEB, 2010.

_____. Presidência da República. Lei n. 12.764, de 27 de novembro de 2012 – Institui a Política Nacional de Proteção dos Direitos da Pessoa com Transtorno do Espectro Autista; e altera o § 3º do art. 98 da Lei no 8.112, de 11 de dezembro de 1990. Brasília, 2012.

_____. Presidência da República. Lei n. 12.796 de 4 de abril de 2013 – Altera a Lei n. 9.394, de 20 de dezembro de 1996, que estabelece as diretrizes e bases da educação nacional, para dispor sobre a formação dos profissionais da educação e dar outras providências. Brasília, 2013.

_____. Ministério da Saúde. *Linha de cuidado para a atenção às pessoas com transtornos do espectro do autismo e suas famílias na Rede de Atenção Psicossocial do Sistema Único de Saúde*. Brasília: Ministério da Saúde, 2015.

_____. Ministério da Educação. *Base Nacional Comum Curricular*. Brasília: MEC, 2017. Disponível em: <http://portal.mec.gov.br/index.php?option=-com_docman&view=download&alias=79601-anexo-texto-bncc--reexportado-pdf-2&category_slug=dezembro-2017-pdf&Itemid=30192>. Acesso em: 3 abr. 2018.

BROUGÈRE, G. "A criança e a cultura lúdica". In: KISHIMOTO, T. M. (org). *O brincar e suas teorias*. São Paulo: Cengage Learning, 2015.

BURKHARD, G. K. *Novos caminhos de alimentação*. São Paulo: CLC Balieiro, 1984, v. 1-4.

CAMPOS, M. M.; FÜLLGRAF, J.; WIGGERS, V. "A qualidade da educação infantil brasileira: alguns resultados de pesquisa". *Cadernos de Pesquisa*, São Paulo, v. 36, n. 127, jan.-abr. 2006, p. 87-128.

CARVALHO, J. S. de. *Por uma pedagogia da dignidade*. São Paulo: Summus, 2016.

CIFALI, M.; IMBERT, F. *Freud e a pedagogia*. São Paulo: Loyola, 1999.

CORIAT, L.; JERUSALINSKY, A. "Aspectos estruturais e instrumentais do desenvolvimento". *Escritos da Criança*, Porto Alegre, n. 4, 1996.

DE VRIES, R.; ZAN, B. *A ética na educação infantil: o ambiente sociomoral na escola*. Porto Alegre: Artes Médicas, 1998.

FALK, J. (org.). *Educar os três primeiros anos – A experiência de Lóczy*. Araraquara: JM, 2004.

GESELL, A. *El niño de uno a cinco años*. Buenos Aires: Paidós, 1956.

GUIMARÃES, D. *Relações entre bebês e adultos na creche: o cuidado como ética*. São Paulo: Cortez, 2011.

HOLM, A. M. *Baby-art – Os primeiros passos com a arte*. São Paulo: MAM, 2007.
IAVELBERG, R. *Desenho na educação infantil*. São Paulo: Melhoramentos, 2013.
IMBERT, F. *A questão da ética no campo educativo*. Petrópolis: Vozes, 2001.
JERUSALINSKY, J. *A criação da criança – Brincar, gozo e fala entre a mãe e o bebê*. Salvador: Ágalma, 2011a.
_____. "Jogos de litoral na direção do tratamento de crianças em estados autísticos". *Revista da APC*, n. 22, 2011b.
LA TAILLE, Y. de. *Limites: três dimensões educacionais*. São Paulo: Ática, 2001.
LEBRUN, J.-P. *Clínica da instituição: o que a psicanálise contribui para a vida coletiva*. Porto Alegre: CMC, 2009.
LEMOS, C. T. G. "Uma crítica (radical!) à noção de desenvolvimento na aquisição da linguagem". In: LIER-DE-VITTO, M. F.; ARANTES, L. (orgs.). *Aquisição, patologias e clínica de linguagem*. São Paulo: Ed. da PUC/Educ, 2006, p. 21-32.
LEVIN, E. *A infância em cena – Constituição do sujeito e desenvolvimento psicomotor*. Petrópolis: Vozes, 1997.
LIMA, B. S. "Cuidando de quem cuida: algumas considerações sobre uma experiência de intervenção em creches comunitárias". In: ZORNIG, S. M. A.; ARAGÃO, R. O. (orgs.). *Nascimento: antes e depois, cuidados em rede*. 2. ed. Curitiba: Honoris Causa, 2011.
MACHADO, M. L. de A. *Pré-escola é não é escola: a busca de um caminho*. Rio de Janeiro: Paz e Terra, 1991.
_____. "Ou isto ou aquilo, nem isto nem aquilo, isto e aquilo: a criança de 0 a 6 anos e o conhecimento". Texto apresentado à 16ª Reunião Anual da Associação Nacional de Pós-Graduação e Pesquisa em Educação, PUC-SP, 1993.
MERLETTI, C. K. I. "Reunião de pais com professores na educação infantil: uma proposta de escuta e de intervenção precoces pautadas na ética da psicanálise". III Colóquio de Psicanálise com Crianças, 2014, São Paulo.
MONTELLATO, A.; CABRINI, C.; CATELLI, R. *História temática: tempos e culturas*. São Paulo: Scipione, 2000.
MUNDURUKU, D. *O banquete dos deuses – Conversa sobre a origem da cultura brasileira*. São Paulo: Angra, 2000.
PIAGET, J. *Para onde vai a educação?* Rio de Janeiro: José Olympio, 1996.
PINHO, G. S. "A psicanálise e a clínica interdisciplinar com crianças. *Correio da Appoa*, Porto Alegre, n. 120, dez. 2003.

Pires, M. L. "Falar com bebês, será que eles entendem?" In: Nogueira, F. (org.). *Entre o singular e o coletivo: o acolhimento de bebês em abrigos*. São Paulo: Instituo Fazendo História, 2011.

Revah, D. "As pré-escolas 'alternativas'". *Cadernos de Pesquisa*, São Paulo, n. 95, nov. 1995, p. 51-62.

Rezende, T. M. A. de C. *Da criança problema na educação infantil à criança como enigma: uma direção marcada pela psicanálise*. Dissertação (mestrado em Educação), Universidade de São Paulo, São Paulo (SP), 2013.

Ribeiro, C.; Liggieri, V. *De olho na postura*. São Paulo: Summus, 2010.

Rocha, P. (org.). *Autismos*. São Paulo: Escuta, 2012.

São Paulo (SP). Secretaria Municipal de Educação. Diretoria de Orientação Técnica. *Orientações curriculares: expectativas de aprendizagem e orientações didáticas para Educação Infantil*. São Paulo: SME/DOT, 2007.

Smole, K. S.; Diniz, M. I.; Cândido, P. *Figuras e formas – Matemática de 0 a 6 anos*. v. 3. Porto Alegre: Artmed, 2003.

Spitz, R. A. *O primeiro ano de vida: um estudo psicanalítico do desenvolvimento normal e anômalo das relações objetais*. 7. ed. São Paulo: Martins Fontes, 1996.

Tognetta, L. R. P. *A formação da personalidade ética – Estratégias de trabalho com afetividade na escola*. Campinas: Mercado de Letras, 2009.

Winnicott, D. "The theory of the parent-child relationship". *International Journal of Psychoanalysis*, v. 41, 1960, p. 585-95.

Zimerman, D. E. *Manual de técnica psicanalítica: uma revisão* [versão eletrônica]. Porto Alegre: Artmed, 2008.

AGRADECIMENTOS

Aos professores que tivemos ao longo de nossa formação. Seria impossível listá-los, mas também seria impossível chegarmos até aqui sem eles.

A Antônio Carlos Rezende, que viabilizou e sustentou nosso projeto de escola desde o começo, por muito tempo, e continua nos apoiando e incentivando.

A todos os professores, auxiliares e estagiários que estiveram conosco em algum trecho do nosso longo caminho, contribuindo para um trabalho sempre permeado pela reflexão e pela criatividade. Grande parte do mérito do que fazemos na Jacarandá é de vocês – e seguimos aprendendo juntos!

Aos pais e mães que nos confiam a importante tarefa de educar seus filhos e com quem estabelecemos uma verdadeira parceria, com seus questionamentos e sugestões constantes. É sempre um privilégio conviver com tanta gente boa, pensante, atuante, verdadeiramente interessada em educação.

A cada uma das crianças que, no frescor da infância, nos mostram um novo caminho.

A Marisa Caselli Benesi, que, apesar de já ter partido, continua muito presente em tudo que fazemos.

Ao Beto, que há muito nos incentiva a escrever um livro e dar maior visibilidade ao trabalho da Jacarandá. Mais que nosso professor de música, ele é um parceiro generoso e profícuo, que sabe articular como ninguém a música com todas as outras formas de linguagem.

A Soraia Bini Cury, nossa editora, que tanto nos incentivou, ensinou e se dedicou para a realização deste livro – uma verdadeira companheira nessa trajetória dura da escrita.

A Caty Koltai, que generosamente escreveu o prefácio deste livro e nos apoiou desde o primeiro encontro.

A Alessandra Nogueira, pelo tanto compartilhado em múltiplas frentes, pelas injeções de renovação e pelos abraços diários.

A Monaliza Genicolo, companheira de muito tempo, que nos dá suporte para todo o cotidiano da escola, sempre com dedicação e serenidade.

A Maristela Bernardineli, que nos assessora há tantos anos na área de fonoaudiologia e aceitou prontamente o convite de escrever sobre seu inventivo trabalho na escola.

Aos nossos parceiros, assessores e colaboradores, cuja valiosa participação está citada no livro e com quem tanto aprendemos: Li, Leonardo, Francisco, Chris Ribeiro, Bado, Deborah, Mitiyo.

Aos fotógrafos-pais que registraram momentos escolares preciosos e cederam suas lindas imagens para o livro: Jefferson Coppola, André Labate Rosso, Vivian Iaki, Ana Cecília Aranha.

A Rejane Rubino, por sua leitura e importantes pontuações no capítulo sobre a fonoaudióloga na escola.

A tantos outros profissionais da educação, da arte, da saúde, da fonoaudiologia e da psicanálise com quem sempre trocamos ideias e que nos alimentam de novos saberes, ajudando-nos a inventar um jeito próprio de lidar com os desafios cotidianos. A gratidão é verdadeira e haverá sempre um abraço e um sorriso quando nos reencontrarmos.

Agradecemos, enfim, aos nossos pais, irmãs, familiares e amigos, que nos apoiam no trabalho na escola, na escrita do livro, na vida.

CRÉDITOS DAS FOTOGRAFIAS

Acervo da escola Jacarandá: páginas 16, 25, 35, 51, 58, 63, 69, 100, 103, 153, 159, 165, 169, 171, 173, 198, 213.
Ana Cecília Aranha: páginas 38, 131, 178, 204.
André Labate Rosso: página 179.
Jefferson Coppola: páginas 17, 23, 53, 78, 115, 119, 149, 187, 206, 207, 237, 240.
Vivian Iaki: página 141.

www.gruposummus.com.br

IMPRESSO NA GRÁFICA sumago
sumago gráfica editorial ltda
rua itauna, 789 vila maria
02111-031 são paulo sp
tel e fax 11 **2955 5636**
sumago@sumago.com.br